ENZYKLOPÄDIE
DEUTSCHER
GESCHICHTE
BAND 13

ENZYKLOPÄDIE
DEUTSCHER
GESCHICHTE
BAND 13

HERAUSGEGEBEN VON
LOTHAR GALL

IN VERBINDUNG MIT
PETER BLICKLE,
ELISABETH FEHRENBACH,
JOHANNES FRIED,
KLAUS HILDEBRAND,
KARL HEINRICH KAUFHOLD,
HORST MÖLLER,
OTTO GERHARD OEXLE,
KLAUS TENFELDE

AGRARWIRTSCHAFT AGRARVERFASSUNG UND LÄNDLICHE GESELLSCHAFT IM MITTELALTER

VON
WERNER RÖSENER

R. OLDENBOURG VERLAG
MÜNCHEN 1992

Die Deutsche Bibliothek - CIP-Einheitsaufnahme

Enzyklopädie deutscher Geschichte / hrsg. von Lothar Gall in
Verbindung mit Peter Blickle ... - München : Oldenbourg.

ISBN 3-486-53691-5
NE: Gall, Lothar [Hrsg.]

Band 13. Rösener, Werner: Agrarwirtschaft, Agrarverfassung und
ländliche Gesellschaft im Mittelalter. - 1992

Rösener, Werner:
Agrarwirtschaft, Agrarverfassung und ländliche Gesellschaft im
Mittelalter / von Werner Rösener. - München : Oldenbourg, 1992
  (Enzyklopädie deutscher Geschichte ; Bd. 13)
  ISBN 3-486-55024-1 brosch.
  ISBN 3-486-55025-X Gewebe

© 1992 R. Oldenbourg Verlag, München

Das Werk einschließlich aller Abbildungen ist urheberrechtlich geschützt.
Jede Verwertung außerhalb der Grenzen des Urheberrechtsgesetzes ist ohne
Zustimmung des Verlages unzulässig und strafbar. Das gilt insbesondere für
Vervielfältigungen, Übersetzungen, Mikroverfilmungen und die Einspeicherung und die Bearbeitung in elektronischen Systemen.

Umschlaggestaltung: Dieter Vollendorf, München

Gesamtherstellung: R. Oldenbourg Graphische Betriebe GmbH, München

ISBN 3-486-55025-X geb.
ISBN 3-486-55024-1 brosch.

Vorwort

Die „Enzyklopädie deutscher Geschichte" soll für die Benutzer – Fachhistoriker, Studenten, Geschichtslehrer, Vertreter benachbarter Disziplinen und interessierte Laien – ein Arbeitsinstrument sein, mit dessen Hilfe sie sich rasch und zuverlässig über den gegenwärtigen Stand unserer Kenntnisse und der Forschung in den verschiedenen Bereichen der deutschen Geschichte informieren können.

Geschichte wird dabei in einem umfassenden Sinne verstanden: Der Geschichte der Gesellschaft, der Wirtschaft, des Staates in seinen inneren und äußeren Verhältnissen wird ebenso ein großes Gewicht beigemessen wie der Geschichte der Religion und der Kirche, der Kultur, der Lebenswelten und der Mentalitäten.

Dieses umfassende Verständnis von Geschichte muß immer wieder Prozesse und Tendenzen einbeziehen, die säkularer Natur sind, nationale und einzelstaatliche Grenzen übergreifen. Ihm entspricht eine eher pragmatische Bestimmung des Begriffs „deutsche Geschichte". Sie orientiert sich sehr bewußt an der jeweiligen zeitgenössischen Auffassung und Definition des Begriffs und sucht ihn von daher zugleich von programmatischen Rückprojektionen zu entlasten, die seine Verwendung in den letzten anderthalb Jahrhunderten immer wieder begleiteten. Was damit an Unschärfen und Problemen, vor allem hinsichtlich des diachronen Vergleichs, verbunden ist, steht in keinem Verhältnis zu den Schwierigkeiten, die sich bei dem Versuch einer zeitübergreifenden Festlegung ergäben, die stets nur mehr oder weniger willkürlicher Art sein könnte. Das heißt freilich nicht, daß der Begriff „deutsche Geschichte" unreflektiert gebraucht werden kann. Eine der Aufgaben der einzelnen Bände ist es vielmehr, den Bereich der Darstellung auch geographisch jeweils genau zu bestimmen.

Das Gesamtwerk wird am Ende rund hundert Bände umfassen. Sie folgen alle einem gleichen Gliederungsschema und sind mit Blick auf die Konzeption der Reihe und die Bedürfnisse des Benutzers in ihrem Umfang jeweils streng begrenzt. Das zwingt vor allem im darstellenden Teil, der den heutigen Stand unserer Kenntnisse auf knappstem Raum zusammenfaßt – ihm schließen sich die Darlegung und Erörterung der Forschungssituation und eine entsprechend gegliederte Auswahlbibliographie an –, zu starker Konzentration und zur Beschränkung auf die zentralen Vorgänge und Entwicklungen. Besonderes Gewicht ist daneben, unter Betonung des systematischen Zusammenhangs, auf die Abstimmung der einzelnen Bände untereinander, in sachlicher Hinsicht, aber auch im Hinblick auf die übergreifenden Fragestellungen, gelegt worden. Aus dem Gesamtwerk lassen sich so auch immer einzelne, den jeweiligen Benutzer besonders interessierende Serien zusammenstellen. Ungeachtet dessen aber bildet jeder Band eine in sich abgeschlossene Einheit – unter der persönlichen Verantwortung des Autors und in völliger Eigenständigkeit gegenüber den benachbarten und verwandten Bänden, auch was den Zeitpunkt des Erscheinens angeht.

Lothar Gall

Inhalt

I. Enzyklopädischer Überblick

1. Einführung 1

2. Frühmittelalter (6.–10. Jahrhundert) 3
   - 2.1 Bevölkerungsentwicklung, Siedlungsverhältnisse und Agrarwirtschaft 3
   - 2.2 Entstehung, Ausbreitung und Verfestigung der Grundherrschaft 7
   - 2.3 Sozialstruktur auf dem Lande 14

3. Hochmittelalter (11.–13. Jahrhundert) 16
   - 3.1 Landesausbau und Intensivierung der Agrarwirtschaft 16
   - 3.2 Strukturwandel der Grundherrschaft 22
   - 3.3 Veränderungen in der ländlichen Sozialstruktur . 27

4. Spätmittelalter (14. und 15. Jahrhundert) 31
   - 4.1 Wüstungen und Veränderungen in der Bodennutzung 31
   - 4.2 Strukturen der spätmittelalterlichen Agrarverfassung 36
   - 4.3 Die soziale Lage der bäuerlichen Bevölkerung .. 42

II. Grundprobleme und Tendenzen der Forschung

1. Agrarhistorische Gesamtdarstellungen 49

2. Frühmittelalter (6.–10. Jahrhundert) 52
   - 2.1 Landesausbau, Siedlungsverdichtung und Agrarwirtschaft 52
   - 2.2 Probleme der neueren Grundherrschaftsforschung 57
   - 2.3 Soziale Veränderungen im Frühmittelalter 68

3. Hochmittelalter (11.–13. Jahrhundert) 72
   3.1 Aspekte der agrarwirtschaftlichen Umwälzung im Hochmittelalter 72
   3.2 Die Auflösung der Villikationsverfassung und die Entstehung neuer Formen der Landvergabe 81
   3.3 Freibauern, Gemeindebildung und bäuerlicher Widerstand 88

4. Spätmittelalter (14. und 15. Jahrhundert) 95
   4.1 Wüstungen und Agrarkrise 95
   4.2 Krise und Wandel der Grundherrschaft 102
   4.3 Die Bauern im Spätmittelalter 110

III. Quellen und Literatur

A. Quellen 117

B. Literatur 119
   1. Allgemeine und epochenübergreifende Literatur .. 119
   2. Frühmittelalter (6.–10. Jahrhundert) 123
   3. Hochmittelalter (11.–13. Jahrhundert) 127
   4. Spätmittelalter (14. und 15. Jahrhundert) 129

Register 135

Themen und Autoren 142

I. Enzyklopädischer Überblick

1. Einführung

Der Agrarsektor war im Mittelalter zweifellos der wichtigste Wirtschaftsbereich; zu ihm gehörten mehr als vier Fünftel der Bevölkerung. Die mittelalterliche Kultur war daher zu einem wesentlichen Teil agrarisch geprägt. Sie wurzelte auf dem Land, das von Bauern bewirtschaftet wurde, welche den Adel, den Klerus und die allmählich anwachsende Bevölkerung der Städte ernährten.

Agrarwirtschaft, Agrarverfassung und ländliche Sozialverhältnisse bilden seit längerem die drei Hauptgebiete der deutschen Forschung zur Agrargeschichte des Mittelalters. Die Geschichte der landwirtschaftlichen Produktion befaßt sich vornehmlich mit den vielfältigen Voraussetzungen und Faktoren der Agrarwirtschaft, wie vor allem mit den naturräumlichen Bedingungen, der Bevölkerungsentwicklung, den landwirtschaftlichen Produktionsmitteln, den Arbeitskräften und den Arbeitserfahrungen. Im Kernbereich der Landwirtschaft geht es um einzelne Produktionszweige sowie um Spezialkulturen wie Gartenbau, Obstbau und Weinbau. Die Geschichte der Agrarwirtschaft untersucht ferner die Entwicklung von Preisen und Löhnen, der Erträge des Ackerbaus und der Viehhaltung sowie die Veränderung von Einkommen und Vermögen bei Bauern und Grundherren. *Gegenstand der Agrargeschichte* *Agrarwirtschaft*

Die Geschichte der Agrarverfassung hat es vor allem mit den rechtlichen Verhältnissen im Agrarbereich und allgemein im ländlichen Siedlungsraum zu tun. Hierzu gehören Bodeneigentum und Flurverfassung, die persönliche Stellung der Bauern im Produktionsprozeß und ihr Verhältnis zu den Produktionsmitteln, die Höhe der bäuerlichen Abgaben und Dienste, die Strukturen der Grund-, Leib- und Gerichtsherrschaft und die unterschiedlichen Organisationsformen der Bauern. *Agrarverfassung*

Die Geschichte der ländlichen Bevölkerung beschäftigt sich mit den Sozialverhältnissen der Bauern und ihren politischen Aktivitäten. Hierzu gehören Untersuchungen zur ländlichen Sozialstruktur, zur sozialen Lage der verschiedenen Gruppen und Schichten, zur *Ländliche Sozialgeschichte* bäuerlichen Arbeits- und Lebensweise, zu Siedlungsformen und Wohnverhältnissen sowie zur rechtlichen und politischen Stellung der Bauern im Spannungsfeld der mittelalterlichen Feudalgesellschaft. Soziale Konflikte, Bauernaufstände und die vielfältigen Spielarten des bäuerlichen Widerstandes gegen die Ansprüche und Forderungen der Feudalherren stehen dabei im Vordergrund.

Wegen der vielen Dimensionen der Agrargeschichte sind an ihrer Erforschung mehrere Wissenschaften und Spezialdisziplinen beteiligt. Für die Agrargeschichte des Frühmittelalters sind besonders die Archäologie, Botanik, Zoologie, Ethnologie und Namenkunde zu nennen, für die spätere Zeit die Agrargeographie und historische Siedlungskunde, die Demographie, die Rechts- und Verfassungsgeschichte, die Technikgeschichte und die historische Volkskunde. Bei seinen Untersuchungen muß der Agrarhistoriker an vielen Stellen auf die Ergebnisse dieser Wissenschaften zurückgreifen.

Nachbardisziplinen

Bei Darstellungen zur Agrargeschichte ist allgemein darauf zu achten, daß der Gesamtverlauf der Agrarentwicklung deutlich hervortritt und daß die verschiedenen Gebiete der Agrargeschichte nicht nur als isolierte Teilbereiche in Erscheinung treten. Untersuchungen zu einzelnen Fragen der Agrarverfassung müssen vor allem den Zusammenhang mit ökonomischen Prozessen und sozialen Veränderungen innerhalb der Gesamtgesellschaft erkennen lassen.

Zusammenhang der agrarhistorischen Erscheinungen

Jeder Versuch einer agrarhistorischen Synthese wird durch einige Momente erschwert, die angemessen bedacht werden müssen. Wegen der primitiven Anbaumethoden und der Unzulänglichkeit der Agrartechnik waren die mittelalterlichen Bauern den Naturkräften besonders stark ausgeliefert, so daß unterschiedliche Gegebenheiten in Bodenqualität, Höhenlage und Klima eine große Rolle spielten. Süddeutsche Viehbauern in Bergregionen hatten im Mittelalter völlig andere Wirtschaftsprobleme als Getreidebauern in fruchtbaren Bördenlandschaften der Norddeutschen Tiefebene. Die Unterschiede zwischen den Regionen im mittelalterlichen Deutschland beruhten ferner auf der ungleichen Entwicklung der einzelnen Siedlungszonen. Das sächsische Stammesgebiet, das dem Frankenreich erst spät eingegliedert wurde, war im 9. Jahrhundert in wirtschaftlicher Hinsicht zweifellos weniger entwickelt als der linksrheinische Raum, wo die Agrarwirtschaft auf römische Kulturformen aufbaute und sich leistungsfähigere Agrarstrukturen herausgebildet hatten. Derartige Gegensätze zwischen mehr oder weniger entwickelten Regionen waren die Ursachen für offenkundige zeitliche Verschiebungen in der wirtschaftlichen Entwicklung.

Regionale Unterschiede

Ungleiches Entwicklungstempo

2. Frühmittelalter

Die alte Vorstellung vom geschichtslosen Bauern und vom tausendjährigen Stillstand in der Landwirtschaft hat lange Zeit den Blick auf die Wandlungen versperrt, die sich in Dorf und Bauerntum im Laufe der Jahrhunderte abspielten. Im Agrarbereich wurden vor allem nur äußere Erscheinungen und starre Rahmenbedingungen wie Flurzwang, Allmendeordnung und gemeinschaftliche Weidenutzung wahrgenommen, so daß es zu einer erstaunlichen Enthistorisierung der Agrargeschichte kam. *Bauerntum nicht „geschichtslos"*

Die Gesamtschau agrarhistorischer Phänomene des Mittelalters wird auch durch die unterschiedliche Quellenlage und die ungleiche schriftliche Überlieferung erschwert. Die schriftlichen Quellen sind nicht nur nach Zeit und Raum ungleich verteilt, sondern auch nach Form, Inhalt und Aussagewert äußerst verschiedenartig. Rechtsquellen wie Volksrechte, Kapitularien, Rechtsbücher und Weistümer besitzen für die Agrargeschichte zwar eine große Bedeutung, doch muß die Diskrepanz zwischen Rechtsnorm und sozialer Realität stets bedacht werden. Urkunden, Güterverzeichnisse und Rechnungen geben dagegen im allgemeinen die wirklichen Verhältnisse genauer wieder und erlauben zudem eine Auswertung mit statistischen Methoden. Einen bedeutenden Quellenwert besitzen Urbare und Lagerbücher, soweit sie konkrete Angaben zum Güterbesitz und zu den Erträgen des Landbaus überliefern. Die urkundlichen und urbarialen Quellen werden ergänzt durch Bildzeugnisse und literarische Werke, die besonders im Spätmittelalter wichtige Aussagen zur bäuerlichen Lebenswelt enthalten. Viele Quellen des frühen Mittelalters stellen aber nur Einzelnachrichten zur Verfügung, so daß man häufig auf allgemeine Schätzungen angewiesen ist. Für das Frühmittelalter haben daher archäologische Funde ein hohes Gewicht, weil sie Informationen zur Entwicklung der damaligen Landwirtschaft und der ländlichen Lebensverhältnisse vermitteln. *Unterschiedliche Quellenlage* *Archäologische Funde*

2. Frühmittelalter (6.–10. Jahrhundert)

2.1 Bevölkerungsentwicklung, Siedlungsverhältnisse und Agrarwirtschaft

Da die Bevölkerungsdichte einen großen Einfluß auf die Struktur der Agrarwirtschaft besitzt, ist zunächst auf die frühmittelalterliche Siedlungs- und Bevölkerungsentwicklung einzugehen. Neuere demographische Untersuchungen haben ergeben, daß die Bevölkerung Mitteleuropas vom 4. bis 7. Jahrhundert merklich zurückging. *Bevölkerungsentwicklung*

Diese Bevölkerungsverluste, die vor allem durch verheerende Pestepidemien verursacht wurden, erreichten nach J. C. RUSSEL gegen Ende des 6. Jahrhunderts ihren Höhepunkt und ebbten dann allmählich ab. Seit der zweiten Hälfte des 7. Jahrhunderts läßt sich in Mitteleuropa ein erneuter Bevölkerungsanstieg beobachten, der auch während der Karolingerzeit anhielt.

Bevölkerungsdichte — Die Angaben zur Bevölkerungsdichte des Frühmittelalters beruhen größtenteils auf Schätzwerten. Zuverlässige Anhaltspunkte zur Dichte der Bevölkerung in überschaubaren Regionen ergeben sich aus der Auswertung von Gräberfeldern, Ortsnamen, Pfarreigründungen und Siedlungsformen, die einen Rückschluß auf frühere Verhältnisse erlauben. W. MÜLLER-WILLE, der anhand der Altsiedelräume und der Zahl der frühmittelalterlichen Kirchengründungen retrospektiv die Bevölkerungsdichte der Zeit um 500 zu erfassen suchte, gelangte zu dem Ergebnis, daß damals auf dem Gebiet der alten Bundesrepublik Deutschland etwa 530 000 Menschen oder 2,2 Einwohner je km² lebten. W. ABEL orientierte sich bei seinen demographischen Berechnungen an siedlungsgeschichtlichen und flurgenetischen Untersuchungen, die Rückschlüsse auf den Umfang des um die Jahrtausendmitte bestellten Ackerlandes erlaubten. Durch Kombination mit bestimmten Getreideerträgen und einem durchschnittlichen Getreideverbrauch je Kopf der Bevölkerung kam er zu dem Schluß, daß im Raum der Bundesrepublik um die Mitte des 1. Jahrtausends etwa 600 000 oder 2,4 Menschen je km² ansässig waren – eine Zahl, die weitgehend mit der Berechnung von Müller-Wille übereinstimmt.

Siedlungsstruktur — Die Siedlungen dieser Zeit waren keine „Haufendörfer", wie die ältere Forschung unter dem Einfluß von August Meitzen annahm, sondern kleine und mittlere Siedlungseinheiten, die oft nur aus drei bis vier Höfen mit etwa 20 bis 30 Bewohnern bestanden. Flurgenetische Untersuchungen ergaben, daß das Ackerland dieser Orte nur einen bescheidenen Umfang besaß und eine durchschnittliche Größe von 2,5 bis 4 ha je Hof aufwies [W. ABEL]. Die Frühform des nordwestdeutschen Dorfes war nach MÜLLER-WILLE der „Drubbel": eine lockere Gehöftgruppe, die nur ein schmaler Feld- und Grasgürtel umgab, wo sich das in Streifen oder Blöcke eingeteilte Getreideland und der als Nahweide dienende Hofwald befand. Um diesen schmalen Innengürtel legte sich ein zunächst lockerer, dann immer dichter werdender Wald, der als Sommer- und Außenweide, Jagd- und Holzrevier genutzt wurde und allmählich in den Kernwald überging.

2. Frühmittelalter

In agrarwirtschaftlicher Hinsicht waren die frühmittelalterlichen Siedlungen von einer auf Viehhaltung ausgerichteten einfachen Form der Feldgraswirtschaft geprägt. Die nahe bei den Einzelhöfen und Weilern gelegenen Ackerflächen waren relativ klein und dienten der Einsaat von Getreide (Roggen, Dinkel, Gerste, Hafer) und dem Anbau von Gemüsepflanzen (Rüben, Bohnen, Erbsen usw.). Die Methoden der Bodenbearbeitung waren verhältnismäßig primitiv, und es herrschten insgesamt extensive, wenig ergiebige Formen der Bewirtschaftung vor. Die bäuerliche Bevölkerung verfügte in der Regel nur über einfache Arbeitsgeräte, die zumeist vollständig oder überwiegend aus Holz hergestellt waren, denn Eisen war ein kostbares Material. Den Boden bearbeitete man mit Hakken, Eggen und einfachen Hakenpflügen unterschiedlicher Art und Qualität. *Frühmittelalterlicher Ackerbau* *Bäuerliches Arbeitsgerät*

In der frühmittelalterlichen Agrarwirtschaft dominierte zweifellos die Viehwirtschaft, so daß Fleischnahrung und Produkte der Viehzucht einen wesentlichen Beitrag zur Ernährung der Bevölkerung leisteten. Dies kommt auch darin zum Ausdruck, daß sich die Volksrechte bei landwirtschaftlichen Angelegenheiten in erster Linie mit Regelungen zur Viehhaltung beschäftigen, dagegen weniger mit Bestimmungen zum Schutz von Feldern und Gärten. In denjenigen Abschnitten der Volksrechte, die sich mit dem Diebstahl von Vieh befassen, wird eine erstaunlich differenzierte Terminologie bei der Bezeichnung von Haustieren verwandt. *Dominanz der Viehwirtschaft*

Die von Abel modellhaft skizzierte Nahrungsbilanz frühmittelalterlicher Bauernhöfe hat gezeigt, daß diese auf eine vielseitige Nahrungsversorgung angewiesen waren. Auch Getreidebauern verfügten neben ihren Ackerflächen über eine umfangreiche Viehhaltung, um sich ausreichend mit Fleisch versorgen zu können. Bei den Viehbauern der Marschgebiete spielte die Versorgung mit Fleisch und Milch aus der Rinderhaltung zwar die Hauptrolle, doch mußte ihr Nahrungshaushalt durch Produkte des Acker- und Gartenbaus ergänzt werden.

Seit dem ausgehenden 7. Jahrhundert trieb eine Expansion der Bevölkerung den Landesausbau voran; vor allem im 8. und 9. Jahrhundert wurden neue Kulturflächen erschlossen. Diese Kolonisationsbewegung entfaltete sich mit Unterstützung des fränkischen Königshauses besonders in den Gebieten östlich des Rheins, die zumeist erst spät dem Frankenreich eingegliedert worden waren und teilweise nur dünn bevölkert waren. Die verschiedenen Phasen und Vorstöße der frühmittelalterlichen Landerschließung verteilten sich *Landesausbau* über weite Räume und lassen sich in ihren einzelnen Abläufen nur durch regionale Detailforschung aufhellen. In altbesiedelten Orten Nordwestdeutschlands kann man die Erweiterung der älteren Fluren häufig an neuen, durch Rodung gewonnenen Ausbaufluren erkennen. Neben den Innenausbau der Orte trat die Ausdehnung der Siedlung durch Neugründungen in Rodungsgebieten. Wo die räumlichen und wirtschaftlichen Voraussetzungen zur Vergrößerung altbesiedelter Orte ungünstig waren, setzte daher die Gründung neuer Orte und Einzelhöfe ein. Die umfangreichen Rodungen in den Waldgebieten geschahen teils durch bäuerliche Eigeninitiative, teils wurden sie durch grundherrliche Lenkung vorangetrieben.

Innenausbau der Orte

Neulanderschließung

Das Ausmaß des frühmittelalterlichen Landesausbaus darf aber keineswegs überschätzt werden. Im 8. und 9. Jahrhundert gab es vor allem die Frühformen von Rodung und Landerschließung, während die mittelalterliche Kolonisation ihren Höhepunkt erst im 12. und 13. Jahrhundert erreichte. In Mittelgebirgen wie im Odenwald und im Schwarzwald wurden in karolingischer Zeit nur die Ränder und einige leicht zugängliche Täler besiedelt, die Kernregionen wurden erst in hochmittelalterlicher Zeit erschlossen.

Ausmaß der Rodungen

Die archäologische Untersuchung frühmittelalterlicher Haus-, Hof- und Siedlungsformen hat ergeben, daß das ländliche Siedlungsbild im Frühmittelalter von zahlreichen Kleinsiedlungen geprägt war, wenngleich im 9. Jahrhundert in einigen dichter besiedelten Landschaften auch bereits Orte mit 30 oder 40 Bauernhöfen anzutreffen sind. Der einzelne Bauernhof stellte sich als eine mehrgliedrige Gehöftanlage dar, wie sich aus den Volksrechten der verschiedenen Stämme und aus den Befunden zahlreicher Grabungen ersehen läßt.

Mehrgliedrige Gehöftanlagen

Trotz einiger erkennbarer Neuerungen sollte der agrartechnische Fortschritt der Karolingerzeit nicht zu hoch angesetzt werden. Der schollenwendende Beetpflug gewann zwar an Verbreitung, doch dominierte noch der einfache Hakenpflug. Die eisernen Teile von Pflügen und sonstigen landwirtschaftlichen Arbeitsgeräten wurden erkennbar verstärkt, aber die aus Holz gefertigten Geräte waren für viele Bauern leichter und kostengünstiger zu bekommen. Hinsichtlich der Bodennutzung tritt seit dem 8. Jahrhundert zweifelsohne in einigen Landschaften bereits die Dreifelderwirtschaft in Erscheinung. Man nutzte dabei das Ackerland in einem dreijährigen Rhythmus von Winterfrucht, Sommerfrucht und Brache. Diese betrieblich-organisatorische Innovation, die der landbebauenden Bevölkerung eine beträchtliche Steigerung der Ernteerträge brachte,

Geringer Agrarfortschritt

Anfänge der Dreifelderwirtschaft

konnte sich in der Karolingerzeit jedoch nur in Ansätzen und vorwiegend auf den Sallandflächen der Herrenhöfe ausbreiten; sie gelangte erst im Hochmittelalter zu ihrer vollen Entfaltung.

2.2 Entstehung, Ausbreitung und Verfestigung der Grundherrschaft

Die Grundherrschaft war ein Kernelement der mittelalterlichen Agrarverfassung. Sie wurde im Frühmittelalter zur wirtschaftlichen Basis für die weltlichen und geistlichen Führungsschichten und bildete die Grundlage von Herrschaft, Kirche und Kultur. Im Laufe ihrer Entwicklung erfaßte sie die große Masse der bäuerlichen Bevölkerung und bestimmte nachhaltig deren soziale und wirtschaftliche Position. Bei dem Terminus Grundherrschaft handelt es sich um einen modernen Begriff, der in den Quellen des Früh- und Hochmittelalters nicht vorkommt. Der historische Sachverhalt, der damit charakterisiert wird, erscheint in den lateinischen Quellen unter Bezeichnungen wie *potestas, dominatio* oder *dominium*; häufig werden auch die mannigfachen Erscheinungsformen der Grundherrschaft erwähnt, wie vor allem Fronhöfe *(villae, curtes)* mit ihrem Salland *(terra salica)* und den von ihnen abhängigen Hufen *(mansi)* der Bauern, die verschiedenen Gruppen der Hofgenossenschaft *(familia)* und grundherrliche Institutionen wie Hofrecht und Hofgericht.

<small>Begriff der Grundherrschaft</small>

<small>Bezeichnungen in den Quellen</small>

Unter *Grundherrschaft* wird eine Grundform mittelalterlicher Herrschaft verstanden, nämlich „Herrschaft über Menschen, die auf einem bestimmten Grund und Boden ... ansässig sind und die darum von der Herrschaft erfaßt werden" [F. LÜTGE]. Der Grundherr verleiht Land an Bauern zur selbständigen Bewirtschaftung, und dadurch wird das grundherrlich-bäuerliche Rechtsverhältnis begründet. Für die Nutzung dieses Leihelandes schulden die hörigen Bauern ihrem Grundherrn Leistungen in Form von Abgaben und Diensten.

<small>Inhalt der Grundherrschaft</small>

Die Tatsache, daß das grundherrlich-bäuerliche Verhältnis mit einer wechselseitigen Verpflichtung zu Schutz und Hilfe verbunden ist, sollte nicht zu einer Überbewertung dieses Schutz-Treue-Elements verleiten, da der Grundherr hörigen Bauern gegenübersteht, die vielfältig von ihm abhängig sind. Durch die im Wesen der Grundherrschaft liegenden Gegensätze kam es im übrigen immer wieder zu schweren Konflikten zwischen Grundherren und Bauern.

<small>Schutz-Treue-Element</small>

Für die Anfangsphase der frühmittelalterlichen Grundherrschaft stellt sich die Frage nach der Herkunft dieser Herrschaftsform. Aus welchen Voraussetzungen entsteht im Frühmittelalter die

Ursprünge der Grundherrschaft

Grundherrschaft, welche Elemente haben zu ihrer Bildung beigetragen? Das mittelalterliche Grundherrschaftssystem geht in erster Linie auf zwei Wurzeln zurück: auf die spätantike Agrarverfassung mit ihren spezifischen Formen bäuerlicher Abhängigkeit und auf germanische Sozial- und Herrschaftselemente. Aus diesen römischen und germanischen Komponenten ist die frühmittelalterliche Grundherrschaft in einem langdauernden Prozeß entstanden und zu einem Herrschaftselement eigener Prägung herangewachsen.

Römische Wurzeln der Grundherrschaft

In den westlichen Teilen des Römerreiches traten bereits während der ersten nachchristlichen Jahrhunderte im Agrarsektor Strukturveränderungen auf, die später für die auf römischem Boden gegründeten Germanenreiche und vor allem für das Frankenreich von grundlegender Bedeutung werden sollten. In dieser Epoche entstanden in den römischen Provinzen Sozial-, Wirtschafts- und Rechtsverhältnisse, die zu einer Bindung der Bauern an den Boden und zu grundherrschaftsähnlichen Zuständen führten; von einer wirklichen Grundherrschaft kann aber noch keine Rede sein. Die römische Agrarverfassung der Spätantike beruhte auf verschiedenen Elementen, die sich überlagerten und miteinander verschmolzen. Eines dieser Elemente war das selbständige Kleinbauerntum, das zwar beträchtlich zurückgedrängt, aber keineswegs vernichtet worden war. Neben den Latifundien des senatorischen Adels und den umfangreichen kaiserlichen Domänen hatte es immer kleine Landeigentümer und freie Bauern gegeben.

Der Höhepunkt der mit Sklaven betriebenen Latifundienwirtschaft war in der Spätantike überschritten, die Krise dieses Systems überall sichtbar. Die Sklaverei verlor an Bedeutung, während sich gleichzeitig die bäuerliche Abhängigkeit verstärkte. Die Inhaber von *coloni* Domänen siedelten auf ihren Gütern bäuerliche Pächter *(coloni)* an und übergaben ihnen Land zur eigenen Bewirtschaftung, wofür diese ihnen Pachtzins schuldeten. Die ursprünglich freien Kolonen gerieten allmählich in eine persönliche Abhängigkeit, da der spätantike Staat den Großgrundbesitzern auch hoheitliche Funktionen überließ und so die Bildung von klientelähnlichen Schutz- und Herrschaftsverhältnissen begünstigte. Aus der wirtschaftlichen Abhängigkeit der Kolonen wurde eine rechtliche, bei der die Kolonen mehr und mehr ihre Freizügigkeit verloren.

Germanische Grundlagen der Grundherrschaft

Die Agrarverfassung der Germanen, die zweite Wurzel der frühmittelalterlichen Grundherrschaft, ist schwerer zu fassen. Die geringe Aussagekraft der wenigen Schriftquellen führte dazu, daß viele Fragen offenblieben. Die spärlichen Informationen der römi-

2. Frühmittelalter

schen Schriftsteller über die Sozialordnung der Germanen lassen immerhin eine abgestufte soziale Gliederung erkennen, die bei den einzelnen Stämmen unterschiedlich geprägt war. Neben einer Führungsschicht von *duces, principes* und *nobiles* gab es zweifellos zahlreiche freie Personen, die den Kern des Volkes bildeten. Tacitus weist in seiner Germania auf Unterschiede in der Verwendung der Sklaven bei Römern und Germanen hin: Anders als auf den römischen Großgütern wurden die *servi* bei den Germanen auf eigenen Hofstellen angesiedelt, von denen sie Abgaben an Getreide, Vieh und Kleidung für ihre Herren entrichten mußten; Frondienste wurden aber offensichtlich nicht geleistet. Die germanische Agrarordnung beruhte in erster Linie auf der persönlichen Abhängigkeit, nicht auf der Verfügungsgewalt des Herrn über Grund und Boden. Die wirtschaftlichen Abhängigkeitsverhältnisse erwuchsen hier vorrangig aus Herrschaftsrechten über Personen. Von einer echten Grundherrschaft kann aber im germanischen Bereich noch nicht gesprochen werden, wenn man die Verfügungsgewalt über Grund und Boden als konstitutives Element der Grundherrschaft betrachtet.

Aus zweifacher Wurzel – einer stark vom Bodeneigentum geprägten römischen und einer vorrangig durch personale Herrschaftsverhältnisse bestimmten germanischen Komponente – entstand demnach die frühmittelalterliche Grundherrschaft; sie entfaltete sich vom 6. bis zum 9. Jahrhundert im Frankenreich und formte sich allmählich in verschiedenen Typen zu einer Grundstruktur der okzidentalen Agrarverfassung aus [TH. SCHIEFFER]. Die spezifische Ausprägung der Grundherrschaft hing in den einzelnen Teilen des Frankenreiches nicht zuletzt von den unterschiedlichen regionalen Voraussetzungen ab, wobei insbesondere die Differenzierung zwischen Gebieten mit starker römischer Tradition und außerrömischen Gebieten von Bedeutung ist. *Regionale Unterschiede*

Große Veränderungen gab es dagegen im nördlichen Gallien und im linksrheinischen Raum. Aus diesen Gebieten waren die römischen Großgrundbesitzer schon früh abgewandert und hatten fränkischen Einwanderern Platz gemacht, die sich mit Unterstützung des merowingischen Königtums im Lande festsetzten. Durch diese fränkischen Siedler, die vermischt mit den verbliebenen romanischen Kolonen lebten, wurde das freie bäuerliche Allod wieder stärker zur Geltung gebracht; es behauptete sich längere Zeit neben dem Großgrundbesitz fränkischer Herren, die das Erbe römischer Gutsherren antraten. In den rechtsrheinischen Gebieten, die außer- *Linksrheinischer Raum* halb der römischen Reichsgrenzen geblieben waren, vollzog sich die Landnahme germanischer Stämme in innergermanischen Formen von Siedlung und Agrarverfassung. Große Teile der alemannischen, bayrischen und fränkischen Stammesgebiete kamen daher erst im Zuge der fränkischen Großreichsbildung indirekt mit dem römischen Erbe näher in Kontakt.

<small>Rechtsrheinischer Raum</small>

Zu einer besonderen Form entwickelte sich die frühmittelalterliche Grundherrschaft in der Gestalt der Villikations- oder Fronhofsverfassung, die auch als „zweigeteiltes" Grundherrschaftssystem *(domaine bipartite)* bezeichnet wird. Diese „klassische" Grundherrschaft des Frühmittelalters war hauptsächlich in den Kerngebieten des Frankenreiches, insbesondere im Raum zwischen Loire und Rhein, verbreitet, während sie in den Nachbargebieten nur sporadisch anzutreffen ist. Diese Form der Grundherrschaft entstand vor allem im Laufe des 7. und 8. Jahrhunderts; sie war nach A. VERHULST im wesentlichen eine Neuschöpfung des Frühmittelalters und besaß keinen unmittelbaren Zusammenhang mit der Organisation des gallorömischen *fundus*. Der Einfluß des fränkischen Königtums, günstige geographische Bedingungen und ausgedehnte, für den Getreideanbau geeignete Lößböden haben offenbar die Ausbreitung dieser Grundherrschaft in den Kernzonen des Frankenreichs befördert.

<small>Entstehung der „klassischen" Grundherrschaft</small>

Die *Villikationsverfassung*, das zweigeteilte Grundherrschaftssystem, ist dadurch gekennzeichnet, daß in seinem Zentrum der vom Grundherrn selbst bebaute Fronhof *(curtis, mansus indominicatus)* mit seinen von ihm abhängigen Bauernhufen *(huobae, mansi)* steht. Das zu den Fronhöfen gehörige Salland *(terra salica)*, das je nach Lage und Funktion einen sehr unterschiedlichen Umfang hatte, wurde mit Hilfe des unfreien Hofgesindes und der Arbeitsleistungen der Hufenbauern bewirtschaftet. Als Hufe *(mansus)* galt die Normalausstattung einer vom Fronhof abhängigen, aber selbständigen Bauernstelle mit Hofstatt, Ackerland und Nutzungsrechten an der Allmende.

<small>Kennzeichen des Villikationssystems</small>

Das flächenmäßige Verhältnis von herrschaftlichem Salland und bäuerlichem Hufenland, das den Grad bäuerlicher Dienstverpflichtung weitgehend bestimmte, war ein Angelpunkt für die soziale Lage der Hufenbauern. Bei den Villikationen des Königs und der Kirche findet sich in der Karolingerzeit häufig ein ausgewogenes Verhältnis von 1:2, 1:3 oder 1:4 zwischen Herrenland und Bauernland; diese Relationen scheinen den wirtschaftlichen Erfordernissen lange Zeit am meisten entsprochen zu haben. Die Masse des

<small>Relation von Salland und Hufenland</small>

2. Frühmittelalter

Landes war jedenfalls an die Bauern ausgeliehen, die zusammen mit den Hofknechten den Verband der Hofgenossenschaft, die *familia*, bildeten und deren Rechte und Pflichten durch unterschiedliche Hofrechte geregelt wurden. Diejenigen Fronhöfe, die von den Grundherren nicht selbst bewohnt waren, bewirtschafteten Fronhofverwalter *(villici, maiores)*.

Das frühmittelalterliche Villikationssystem war auf die unmittelbare Versorgung des herrschaftlichen Haushaltes mit Gütern des alltäglichen Bedarfs ausgerichtet. Die einzelnen Villikationen verfügten daher neben den im Vordergrund stehenden landwirtschaftlichen Betriebszweigen auch über eine differenzierte gewerbliche Produktion. In frühmittelalterlichen Grundherrschaften gab es Backhäuser, Brauhäuser, Webhütten und Kalkbrennereien sowie eine spezialisierte Handwerkerschaft. Fronhofshandwerk

Der Organisationsgrad der einzelnen Grundherrschaften hing ab von ihrer Größe, Lage und Funktion. Größere Grundherrschaften verfügten in der Regel über ein mehrstufiges Villikationssystem, so daß Oberhöfe an der Spitze von Haupt- und Nebenhöfen standen. Mehrstufige Villikationen sind vor allem in den Grundherrschaftskomplexen des Königs und bei bedeutenden Klöstern anzutreffen. Das Kloster Prüm verfügte z. B. über drei Oberhöfe in Prüm, Münstereifel und St. Goar. Mehrstufige Villikationen

Neben den großen Villikationen mit umfangreicher herrschaftlicher Fronhofwirtschaft gab es im Frankenreich auch viele Grundbesitzkomplexe, die im Stil einer Renten- oder Abgabengrundherrschaft organisiert waren und bei denen die Herrenhöfe nur als Sammelstellen für bäuerliche Zinsleistungen dienten. Dieser Grundherrschaftstyp trat vor allem bei weit gestreuten Grundherrschaften in Erscheinung, da die Grundherren dicht massierten Güterbesitz häufig villikationsmäßig organisierten, Streubesitzungen aber gegen Zinsleistungen verliehen. Abgabengrundherrschaft

Die *Gutswirtschaft* bildeten neben der Villikationsverfassung und der Abgabengrundherrschaft eine dritte, nicht unbedeutende Form der Organisation des Grundbesitzes im Frühmittelalter. Es handelt sich hier um Herrenhöfe, die ausschließlich mit hofeigenen Gesindekräften bewirtschaftet wurden und im Mittelpunkt von konzentrierten herrschaftlichen Ländereien lagen. Derartige Herrenhöfe finden sich besonders in älteren Adelsbesitzungen, in denen das zweigeteilte System erst in Ansätzen vorgedrungen war. Gutswirtschaft

Hinsichtlich der Herrschaftsträger sind im Frühmittelalter vornehmlich drei Hauptarten der Grundherrschaft zu unterscheiden:

die königliche, die geistliche und die adelige Grundherrschaft. Aufgrund ihres Umfangs und ihrer politischen Bedeutung nahm die Grundherrschaft des Königs zweifellos eine einzigartige Stellung ein. Die merowingischen Könige rückten im Zuge der fränkischen Großreichsbildung bereits durch die Übernahme des kaiserlichen Fiskallandes in Gallien zu den größten Grundbesitzern des Reiches auf. Dazu kamen weite Strecken unbesiedelten Landes, auf die das frühmittelalterliche Königtum einen Rechtsanspruch erhob. Unter den Karolingern wurde das Reichsgut weiter vergrößert, und im Gefolge der Durchdringung der ostrheinischen Stammesgebiete wurden neue bedeutende Komplexe von Reichsgut geschaffen. Gleichzeitig wurde die Bewirtschaftung und Verwaltung der Krongüter intensiviert, was besonders im berühmten *Capitulare de villis* zum Ausdruck kommt [MGH Capit. I Nr. 32]. Das Reichsgut war demnach in Fiskalbezirke *(fisci)* gegliedert, die jeweils von königlichen Grundherrschaftsbeamten *(iudices, villici)* verwaltet wurden.

Aufgrund großer Urkundenbestände und planmäßiger Besitzbeschreibungen (Polyptycha, Urbare, Traditionsbücher, Zinsregister) ist die geistliche Grundherrschaft am besten bezeugt. Die Grundbesitzungen der Bischofskirchen, großen Klöster und Stifte waren breit gestreut, da sie aus zahlreichen Einzelschenkungen, Tausch- und Kaufaktionen hervorgegangen waren. Die Güter von Reichsklöstern wie Fulda, Lorsch oder St. Gallen erstreckten sich daher über weite Gebiete und verlangten eine komplizierte Verwaltungsorganisation. Der König beanspruchte zudem das Gut der Kirchen und Klöster, das nicht zuletzt durch seine großzügigen Schenkungen gewachsen war, für die Zwecke der Reichspolitik *(servitium regis)*.

Am schlechtesten ist die schriftliche Bezeugung der adeligen Grundherrschaft, obwohl gerade die Grundbesitzungen des Adels eine große Bedeutung für die Sozial- und Wirtschaftsgeschichte des Frühmittelalters haben. Herkunft und Struktur der adeligen Grundherrschaft waren in den einzelnen Teilen des Frankenreichs verschieden; im Westen und Süden wirkte die spätantike Agrarverfassung nach, während im ostrheinischen Raum der einheimische grundbesitzende Adel neben den fränkischen Erobererfamilien ein besonderes Gewicht besaß. Die Streulage der großen Adelsgrundherrschaften ist zum Teil ein Resultat der karolingischen Politik, die den fränkischen Adel in die verschiedenen Teile des Reiches verpflanzte. Dies zeigt sich besonders bei den Besitzungen der karolingischen Reichsaristokratie, die sich über weiträumige Landschaften erstreckten.

2. Frühmittelalter

Im ostfränkischen Raum wurde die Grundherrschaftsverfassung entscheidend dadurch beeinflußt, daß die Karolinger im 8. Jahrhundert die Gebiete östlich des Rheins wieder der unmittelbaren Herrschaft des Königs unterwarfen bzw. neu eroberten (Sachsen) und mit fränkischen Herrschaftsformen durchdrangen. Im Zuge dieses fränkischen Vorstoßes sind offensichtlich auch bestimmte Organisationsformen der Grundherrschaft ausgebreitet und verstärkt worden, wobei das in der königlichen Grundherrschaft vorherrschende Villikationssystem eine Vorbildfunktion erhielt. Die Entwicklung der Grundherrschaft im östlichen Frankenreich wurde dadurch zwar verstärkt, aber keineswegs erst in Gang gesetzt.

Grundherrschaft im ostrheinischen Raum

Die Epoche der Ausbreitung und Konsolidierung der Grundherrschaft im 9. und 10. Jahrhundert brachte die verschiedenen Ansätze und Formen zur vollen Entfaltung, die in der vorangehenden Zeit grundgelegt worden waren. Die Verfestigung der Grundherrschaft tritt dabei besonders im ostrheinischen Deutschland in Erscheinung, wo durch die Ausbreitung des Königsguts, die Errichtung großer Klöster und die Ausstattung der Vasallen mit großen Lehen die grundherrschaftliche Struktur konsolidiert wurde. Der villikationsmäßig organisierte Großgrundbesitz erlangte so im 9. und 10. Jahrhundert eine größere Bedeutung; dabei spielte die Ausdehnung der großen Grundherrschaften durch Rodung eine wichtige Rolle. Zugleich veränderte sich in diesem Zeitraum die Rechtsqualität und innere Struktur der Grundherrschaft: Die Grundherren griffen auf das Umland aus und bildeten grundherrliche Bannbezirke, wodurch der Zusammenhalt der Grundherrschaften gestärkt und neue Einkünfte erschlossen wurden. Unter Bann ist dabei das Recht zu verstehen, unter Androhung von Gewalt Gebote oder Verbote zu erlassen.

Wandel der Grundherrschaft im 10. und 11. Jh.

Mit Hilfe dieser Banngewalt versuchte man Rechte über alle im Bannbezirk lebenden Personen zu erwerben und lokale Herrschaften aufzubauen. G. SEELIGER hat diesen Prozeß als den Übergang von der Grundherrschaft zur „Banngrundherrschaft" bezeichnet, um den veränderten Charakter der Grundherrschaft im 10. und 11. Jahrhundert hervorzuheben. Die grundherrlichen Bannrechte führten sowohl zur inneren Konsolidierung der Grundherrschaften als auch zur Zunahme der Erträge aus Mühlen, Backhäusern und sonstigen Besitzformen. Die größte Bedeutung besaß aber zweifellos der Gerichtsbann, da er bei der Bildung von Ortsherrschaften den Ausschlag gab und alle im Bannbezirk ansässigen Personen vor das Gericht des Grundherrn zwang.

„Banngrundherrschaft"

2.3 Sozialstruktur auf dem Lande

Sozialordnung der germanischen Stämme

Die Sozialordnung der germanischen Stämme war nicht, wie die alte Lehre von den Gemeinfreien annahm, durch eine allgemeine Gleichheit, sondern durch eine soziale Differenzierung geprägt. Aus der Schicht der Freien ragten adelige Führungsgruppen heraus, die sich durch Herkunft, reichen Besitz und hohes Ansehen auszeichneten. Diese vornehmen Geschlechter verfügten in der Regel über Unfreie, die durch Unterwerfung, Verknechtung oder Gefangenschaft in Abhängigkeit geraten waren und ihren Herren als Hausgesinde oder als landwirtschaftliche Arbeitskräfte dienten. Zwischen den Unfreien und dem Stand der Freien gab es in vielen Stämmen auch halbfreie Gruppen, die nur über eine beschränkte Rechts- und Vermögensfähigkeit verfügten und die man als Laten oder Liten bezeichnete.

Wergeldklassen in den Volksrechten

Aussagen zur Sozialstruktur der Stämme nach Abschluß der Wanderungsepoche erlauben die *Volksrechte* des 6. bis 9. Jahrhunderts. Aus den dort gegebenen Bestimmungen über das Wergeld erhält man Hinweise auf die soziale Gliederung nach Ständen und Gruppen, da die Bußzahlungen nach Geburtsstand und Rang gestaffelt waren. Das ältere alemannische Volksrecht teilte die Wergeldklassen der Freien *(liberi)* auf die drei Gruppen der geringbegüterten *(minofledi)*, der mittelbegüterten *(mediani)* und der reichbegüterten Alemannen *(primi)* auf, wobei der Adel in den Rechtskreis der *liberi* eingeordnet ist. Im jüngeren alemannischen Volksrecht (frühes 8. Jh.) tritt der Adel den einfachen *liberi* dann als die Gesamtheit der *meliores* gegenüber; seine herausgehobene Stellung ist vor allem durch den Besitz von Herrenhöfen und die Verfügung über zahlreiches unfreies Hausgesinde *(servi infra domum)* gekennzeichnet.

Rückgang der Zahl der liberi

Die Volksrechte halten zwar daran fest, daß der Freie *(ingenuus, liber)* den Normaltyp des vollberechtigten Stammesgenossen verkörpert, doch ergaben sich im Frankenreich große soziale Veränderungen, wodurch der Stand der Freien zunehmend verringert wurde. Im mächtigen Reich der Karolinger mit seinen neuen politischen und militärischen Anforderungen konnten die kleinbegüterten Freien den vermehrten Aufgaben nicht mehr voll gerecht werden. Freie Bauern gab es auch weiterhin, aber viele von ihnen gerieten in die Abhängigkeit der sich ausbreitenden geistlichen und weltlichen Grundherrschaft.

Ungeachtet dieser starken Tendenz zur Ausbreitung der Grund-

2. Frühmittelalter

herrschaften war der Allodialbesitz kleiner Grundbesitzer in der Karolingerzeit noch keineswegs verschwunden. Aus den Kapitularien und Urkunden dieser Zeit läßt sich erkennen, daß es neben der wachsenden Schar der Hörigen und Unfreien auch noch eine große Zahl von Freien gab. Gegen die Auffassung, die *liberi* der fränkischen Zeit vorwiegend als sog. Königsfreie zu verstehen, die auf Königsland angesiedelt waren, hat sich die jüngere Forschung gewandt und die Bedeutung der freien Allodbauern erneut hervorgehoben [E. MÜLLER-MERTENS]. *(Die liberi im Karolingerreich)*

Gegen die wachsende Macht der Grundherren richteten sich verschiedene Formen des bäuerlichen Widerstandes. Innerhalb der einzelnen Grundherrschaften opponierten die hörigen Bauern insbesondere durch die Verweigerung bestimmter Dienste und Abgaben gegen den Druck der Grundherren. Im Edikt von Pîtres, das Karl der Kahle 864 erließ, kommt dies in einigen Bestimmungen zum Ausdruck, in denen *coloni* erwähnt werden, die sich weigern, Mergelfuhren für ihre Grundherren zu leisten, und dies damit begründen, sie seien dazu gewohnheitsrechtlich nicht verpflichtet [MGH Capit. II Nr. 273]. In einigen Gebieten des Frankenreiches kam es auch zu überregionalen Bauernerhebungen. Der Stellinga-Aufstand, der 841 in Sachsen ausbrach, gehört zweifellos zu den größten Bauernrevolten der Karolingerzeit. Begünstigt durch die Kämpfe zwischen den Söhnen Ludwigs des Frommen, erhoben sich im östlichen Sachsen freie und hörige Bauern; sie kämpften gemeinsam für die Wiedererlangung von Rechten und Freiheiten, die ihnen nach der Unterwerfung Sachsens durch die Franken genommen worden waren. *(Formen des bäuerlichen Widerstandes / Stellingaaufstand)*

Die Angehörigen einer Grundherrschaft bildeten einen Hofverband, der in den Quellen als *familia* bezeichnet wird. Die *familia* läßt sich als Rechts-, Wirtschafts- und Sozialverband einer Grundherrschaft charakterisieren, dessen Mitglieder gemeinsam dem Hofrecht unterstehen. Hofverbände treten besonders deutlich in königlichen und kirchlichen Grundherrschaften in Erscheinung. Die *familia* vereinigte in sich Personen mit unterschiedlichem rechtlichem und wirtschaftlichem Status; zu ihrem Kreis gehörten dabei sowohl unfreie und halbfreie Personengruppen als auch freie Hintersassen, die allein den leiherechtlichen Bestimmungen des Hofrechts unterworfen waren. *(Die grundherrschaftliche familia)*

Auf den Fronhöfen selbst befanden sich zahlreiche unfreie Knechte und Mägde *(servi non casati, mancipia),* die jederzeit zu ungemessenen Diensten in der Fronhofswirtschaft bereitstehen muß- *(servi non casati)* ten. Durch die Nähe zu ihren Herren waren sie der herrschaftlichen Verfügungsgewalt am stärksten unterworfen, hatten aber auch vielfältige Chancen zum sozialen Aufstieg. Eine weitere Personengruppe bildeten diejenigen Unfreien, die nahe bei den Herrenhöfen auf eigenen Hausstellen saßen und als Tagewerker *(servi cottidiani)* bäuerliche oder handwerkliche Arbeiten verrichteten. Im Laufe der Zeit wurden zahlreiche *servi* auf eigenen Hofstellen angesetzt und mit Land ausgestattet (Prozeß der Casatierung und Verbäuerlichung). Als „behauste Unfreie" *(servi casati)* treten sie in den Quellen in Erscheinung und bilden die große Masse der hörigen bäuerlichen Bevölkerung; ihre Hofstellen werden als Hufen *(huobae)* oder Mansen *(mansi)* bezeichnet. Neben den Knechtshufen *(mansi serviles)* gab es in vielen Grundherrschaften auch Hufen im Besitz von minderfreien und freien Hintersassen, ihre Hofstellen werden in den Urbaren als Litenhufen *(mansi lidiles)* bzw. Freienhufen *(mansi ingenuiles)* aufgeführt.

servi cottidiani

servi casati

Typen der mansi

Durch die Übernahme von grundherrlichen Hufen gerieten freie Bauern zunehmend in die Abhängigkeit von Grundherren, die ihre Rechte gegenüber den freien Hintersassen allmählich intensivierten und sie immer stärker dem Hofrecht unterwarfen. Dies führte dazu, daß die Unterschiede im persönlichen Rechtsstand zwischen unfreien Hufenbauern und den in Abhängigkeit geratenen Freien im Rahmen der grundherrlichen *familia* an Bedeutung verloren und eine rechtliche Nivellierung eintrat. Innerhalb der Hofverbände kam es aber zugleich zu einer funktionalen Differenzierung, die einzelne Personen und Gruppen mit unterschiedlichen Aufgaben versah. Hierzu gehörten Fronhofsverwalter *(villici)*, Gerichtsbeamte, Förster und andere Funktionsträger.

Rechtliche Nivellierung

Funktionale Differenzierung

3. Hochmittelalter (11.–13. Jahrhundert)

3.1 Landesausbau und Intensivierung der Agrarwirtschaft

Seit der Mitte des 9. Jahrhunderts hatte die karolingische Blütezeit ihren Höhepunkt offenbar überschritten. Gleichzeitig kam es im Zusammenhang mit den Einfällen der Normannen und Ungarn zu schweren Schäden in Landwirtschaft, Handel und Gewerbe, so daß das 10. Jahrhundert zu einer Zeit der Stagnation in Wirtschaft und Bevölkerungsentwicklung wurde. Vom 11. bis 13. Jahrhundert hingegen erlebten Deutschland und die benachbarten europäischen Länder eine lange Periode des wirtschaftlichen Aufschwungs, die

Die Aufschwungsphase des Hochmittelalters

3. Hochmittelalter

erst im 14. und 15. Jahrhundert von einer Krisenphase abgelöst wurde. Mit dem 11. Jahrhundert beginnt nach M. BLOCH das „zweite Feudalzeitalter" der mittelalterlichen Geschichte, das durch grundlegende Veränderungen in Wirtschaft, Gesellschaft und Herrschaft gekennzeichnet ist. Die hochmittelalterliche Aufschwungphase ist geprägt von einer starken Bevölkerungszunahme, intensiver Rodungstätigkeit und unfangreichem Landesausbau. Bloch

Seit dem 11. Jahrhundert vergrößerte sich die europäische Bevölkerung in den meisten Ländern um das Zwei- bis Dreifache. In England, dem einzigen westeuropäischen Land, aus dem vom 11. Jahrhundert einige Zahlen ermittelt werden konnten, die sich mit denen des 14. Jahrhunderts vergleichen lassen, wuchs die Bevölkerung von etwa 2 Millionen im frühen 11. Jahrhundert auf 5 Millionen in der ersten Hälfte des 14. Jahrhunderts, in Frankreich im gleichen Zeitraum von etwa 6 Millionen auf 19 Millionen [J. C. RUSSELL]. Es besteht kein Grund zu der Annahme, daß die demographische Entwicklung in Deutschland anders verlaufen sei. Für den Moselraum errechnete K. LAMPRECHT aus der Zunahme der Ortschaften zwischen den Jahren 1000 und 1237 eine Vermehrung der Bevölkerung um etwa das Dreifache, was eine jährliche Steigerungsrate von 0,47 Prozent bedeuten würde. Bevölkerungszunahme

Parallel zur Bevölkerungsexpansion wurde das Kulturland überall auf Kosten der bis dahin noch nicht bewirtschafteten Flächen ausgeweitet. Dieser hochmittelalterliche Landesausbau vollzog sich in zwei verschiedenen Richtungen: zum einen in der Binnenkolonisation, dem Ausbau des altdeutschen Siedlungsgebietes, und zum anderen in der nach außen gerichteten Ostsiedlung, der Erschließung der im Osten des Reiches gelegenen Gebiete. Dieser Landesausbau verwandelte das Bild der mitteleuropäischen Kulturlandschaft in einem Ausmaße, wie es seitdem nur noch in der Epoche der Industrialisierung während des 19. und 20. Jahrhunderts geschah. Innerer und äußerer Landesausbau

Im Zeitalter des hochmittelalterlichen Landesausbaus wirkte noch ein weiterer Faktor auf das Siedlungsbild, die Landwirtschaft und die ländliche Bevölkerung ein: die Stadt. Während des 12. und 13. Jahrhunderts wurden zahlreiche Städte gegründet, und um 1300 erreichte die Stadtentstehung in Mitteleuropa ihren Höhepunkt. Die Notwendigkeit, die städtischen Bevölkerungsmassen aus der agrarischen Überschußproduktion mitzuernähren, führte ebenfalls dazu, daß man die Anbauflächen zu erweitern und intensiver zu bebauen versuchte. Städtische Siedlungen und Handelsorte hatte es auch im Aufblühen der Städte

Frühmittelalter gegeben, doch setzte die Stadtgründungswelle des Hochmittelalters eine beträchtliche Zunahme der städtischen Bevölkerung in Gang. Mit dem Aufblühen der Städte begann daher im 12. und 13. Jahrhundert eine neue Epoche, in der die Städte zugleich intensiv auf den ländlichen Raum einwirkten und sich eine Arbeitsteilung zwischen Stadt und Land anbahnte.

Verschiedenartigkeit der Landerschließung

Der Landesausbau verlief sehr unterschiedlich und hing ab von der räumlichen Lage und den natürlichen Voraussetzungen. In den Marschgebieten der Küstenzonen wurden Deiche errichtet und Sumpfflächen trockengelegt, in waldigen Mittelgebirgsregionen Wälder gerodet. Entlang den großen Flüssen entwässerte man die Sumpf- und Moorgebiete und überließ sie neuangesiedelten Bauern zur Nutzung.

Rodungsleistung der Bauern

Die Hauptlast der Rodungsarbeit ruhte zweifellos auf den Schultern der Bauern und weniger auf denen der Grundherren. Die materiellen Kosten der Neulanderschließung wurden in der Regel von den Siedlern getragen, die mit ihren Mitteln an Ort und Stelle die eigentliche Kultivierung durchführten; die Gegenleistungen der Grundherren bestanden in der Erlaubnis, das erschlossene Land dauerhaft bestellen zu dürfen. In den meisten Fällen wurden ihnen dabei Freiheiten und Vergünstigungen gewährt, so die Übertragung des Bodens zu Erbrecht, eine Verbesserung der Rechtsstellung und niedrigere Abgabenquoten.

Ansiedlung von Bauern im Unterwesergebiet

Aus dem 12. Jahrhundert sind uns dafür einige aufschlußreiche Zeugnisse überliefert. In den Marschgebieten der Unterweser übergab Erzbischof Friedrich von Bremen 1113 niederländischen Kolonisten Landflächen, die von ihnen erschlossen und bewirtschaftet werden sollten [5: FRANZ, Quellen, Nr. 67]. Von jeder Hufe forderte der Erzbischof jährlich einen geringen Geldzins, beträchtliche Zehntleistungen an Feldfrüchten und Vieh sowie gerichtsherrliche Abgaben. Um 1134 bestätigte Bischof Bernhard von Hildesheim den Ansiedlern zu Eschershausen das Hagenrecht, das ihnen bereits

Hagenrecht

von seinem Vorgänger Udo gewährt worden war [5: FRANZ, Quellen, Nr. 71]; dieses Hagenrecht (Hagen = Neubruch, Rodung) war besonders bei Rodungssiedlungen an Weser und Leine verbreitet.

Neugründung von Orten

Stieß der Innenausbau der alten Siedlungen an seine Grenzen, ging man zur Anlage von neuen Ortschaften in größerer Entfernung über. Rodungswillige Bauern errichteten mit grundherrlicher Unterstützung in den Ausbaugebieten neue Einzelhöfe und Dörfer, die durch ihre Namensform oder ihre Siedlungsgestalt an die hochmittelalterliche Gründungszeit erinnern. Ortsnamen mit den Endsilben

3. Hochmittelalter

-hagen, -hurst, -wald oder -rode deuten häufig auf eine Gründung im Hochmittelalter hin. Die planmäßige Anlage einiger mittelschwäbischer Angerdörfer in der ersten Hälfte des 14. Jahrhunderts untersuchte K. FEHN. Die Neusiedlung begann auf Initiative einiger adeliger und klösterlicher Grundherren, die sog. Reutmeister mit der Anwerbung von siedlungswilligen Bauern beauftragten. Die Grundform der neuen Siedlungen stellte ein Angerdorf von etwa 15 Hofstätten dar, die mit genügend Ackerland in einer angrenzenden Gewannflur ausgestattet wurden. Den Siedlern gewährte man ein günstiges Erbrecht, fixierte Geldabgaben und ein eigenes Dorfrecht.

Der hochmittelalterliche Landesausbau führte, wie das eben genannte Beispiel zeigt, sowohl im altdeutschen Siedlungsraum als auch in den ostdeutschen Neulandgebieten zu planmäßig gestalteten Siedlungen. Zu diesen Siedlungstypen gehören in erster Linie Straßendörfer, Waldhufen- sowie Marschhufendörfer. Straßendörfer wurden entlang von Straßen gegründet, so daß die Gehöfte planmäßig längs der Dorfstraße zu liegen kamen. Waldhufendörfer waren in den Mittelgebirgszonen sowohl der altdeutschen wie der östlichen Gebiete zahlreich vertreten; in diesen Dörfern befand sich hinter jedem Gehöft das zugehörige Hufenland. Bei den Marschhufendörfern der norddeutschen See- und Flußmarschen schlossen sich die Hufen ebenfalls unmittelbar an die einzelnen Gehöfte an und durchzogen das flache Marschenland in langen, schmalen Streifen.

Planmäßig angelegte Siedlungsformen

Die deutsche Ostsiedlung, die hier nur kurz unter siedlungsgeschichtlichem Aspekt berührt werden kann, war ein Vorgang, der die Gebiete östlich von Elbe und Saale tiefgreifend veränderte; sie verlief parallel zum Landesausbau im altdeutschen Siedlungsraum. Die Ostsiedlung erstreckte sich über mehrere Jahrhunderte, verstärkte sich aber besonders im 12. und 13. Jahrhundert und lockte eine zunehmende Zahl landsuchender Bauern an. Neben der Anlage von neuen Bauerndörfern mit zugewanderten Kolonisten kam es auch zur Umwandlung zahlreicher slawischer Siedlungen in solche mit deutschem Recht. Die Ansiedlung deutscher Kolonisten vollzog sich im allgemeinen durch die Vermittlung von Fürsten und Grundherren, die sich wiederum der Hilfe von Lokatoren bedienten. Die Lokatoren waren Siedlungsunternehmer, die im Auftrage der Grundherren die Ansiedlung in den neuen Dörfern organisierten.

Die deutsche Ostsiedlung

Neben der Ausweitung der Anbauflächen durch Erschließung von Neuland wurde im Hochmittelalter die Bodennutzung auf dem

Altsiedelland intensiviert. An erster Stelle ist hier die Dreifelderwirtschaft zu nennen, die eine beträchtliche Steigerung der Agrarproduktion bewirkte. Die Anfänge dieses Feldsystems reichen zwar in die Karolingerzeit zurück, doch war es damals auf wenige Ackerflächen von Fronhöfen beschränkt (vgl. oben S. 6). Die Äcker der Bauernhöfe wurden im Frühmittelalter offenbar noch überwiegend in der extensiven Form der Feldgraswirtschaft bestellt. Die Dreifelderwirtschaft stieg nun im Hochmittelalter zur vorherrschenden Form des Ackerbaus auf und breitete sich auch in den Feldfluren der Dörfer immer stärker aus. Im südwestdeutschen Altsiedelland lassen sich die drei Zelgen (Großfelder) seit dem 13. Jahrhundert in den meisten Dorfgemarkungen nachweisen.

Ausbreitung der Dreifelderwirtschaft

Neben der Dreifelderwirtschaft, die in den meisten Gebieten zur überwiegenden Form der Ackerlandnutzung aufstieg, gab es auch andere Bodennutzungssysteme. In Mecklenburg trifft man auf eine Vier- oder Mehrfelderwirtschaft, bei der in der Abfolge von Wintergetreide, Sommergetreide und Brache noch ein Gersten- oder Haferfeld eingeschoben war. In einigen westdeutschen Regionen war die Zweifelderwirtschaft verbreitet, die teils der Dreifelderwirtschaft voraufging, teils ihr folgte. Die Gründe für dieses Nach- und Nebeneinander der beiden Bodennutzungsformen liegen vermutlich in ihrer Beziehung zum Weinbau; dieser verlangte viel Arbeit und Dünger und begünstigte das Fortbestehen der extensiven Zweifelderwirtschaft auf den Getreidefeldern.

Andere Bodennutzungssysteme

Zweifelderwirtschaft

Auf den Eschböden Nordwestdeutschlands war die Einfeldwirtschaft in Gestalt des „ewigen Roggenbaus" weit verbreitet; in jährlicher Wiederkehr wurden die Äcker nur mit einer Frucht, dem Roggen, bebaut. Die Esche bildeten kleinflächige, geschlossene Komplexe von langstreifigen Äckern, die zur Abwehr von Wild und Vieh mit Wallhecken geschützt waren. Der kontinuierliche Roggenanbau verlangte eine beständige Erneuerung der pflanzlichen Wachstumsbedingungen, was man durch Plaggendüngung erreichte; Stalldung wurde zusammen mit Heide- und Grasplaggen regelmäßig den Eschböden zugeführt. Im Laufe der Zeit entstanden durch Bodenauftragung mächtige Aufbauschichten, die teilweise bis in die Zeit um 1000 oder noch früher zurückgehen. Die Plaggendüngung auf den nordwestdeutschen Eschböden setzte demnach besonders im 11. Jahrhundert ein und verdrängte ältere Bewirtschaftungssysteme.

Einfeldwirtschaft

Die Ausbreitung der Dreifelderwirtschaft und anderer Bodennutzungsformen ging im Hochmittelalter einher mit einer „Verge-

3. Hochmittelalter

treidung" auf Kosten der extensiven Weidewirtschaft; gleichzeitig bildeten sich für einzelne Getreidesorten besondere Anbauzonen heraus. Auf den Eschböden Nordwestdeutschlands wurde in erster Linie Roggen geerntet, während in Südwestdeutschland der Dinkel zur Leitfrucht des Ackerbaus wurde. Westlich des Rheins und in klimatisch begünstigten Landschaften dominierte der Weizen. Hafer war die wichtigste Sommerfrucht und als Pferdefutter geschätzt; Gerste ersetzte mancherorts den Hafer als Sommerfrucht, ohne daß sich regionale Schwerpunkte nennen lassen. *(Prozeß der Vergetreidung; Getreidesorten)*

Auch andere Pflanzen gewannen seit dem Hochmittelalter an Bedeutung. Dazu gehörten Hülsenfrüchte wie Erbsen und Linsen, Faserpflanzen wie Hanf und Flachs und etliche Gemüse- und Obstsorten. Diese Sonderkulturen wurden in der Regel in den Gärten oder auf besonderen Feldstücken (Beunden) gepflanzt, die nicht der Flurordnung und dem gemeinsamen Weidegang unterlagen. Für sie galt das Gartenrecht, das dem Besitzer freie Hand bei der Bodennutzung ließ. Neben den genannten Sonderkulturen breitete sich auch der Weinbau im Laufe des Hochmittelalters verstärkt aus. *(Sonderkulturen)*

Durch die Ausweitung des Ackerbaus schrumpfte das Weideland und damit die Viehwirtschaft; es bildeten sich aber zugleich besondere Zonen der Viehhaltung heraus. Dazu gehörten die Marschgebiete entlang der Nordseeküste, die bereits im Frühmittelalter einen größeren Viehbestand aufwiesen, jetzt aber ihre Viehzucht noch weiter intensivierten; im 13. Jahrhundert wurden Rinder, Butter, Käse und Häute in erheblichen Mengen aus den Nordseeküstengebieten exportiert. In den Alpen rückte die Viehwirtschaft im Zuge des Landesausbaus immer höher in das Gebirge vor; an zahlreichen Orten wurden spezielle Viehhöfe *(vaccariae, armentariae)* errichtet. Hier sind vor allem die Walser zu erwähnen, die in großer Höhenlage viele Siedlungen anlegten und neue Alpweiden erschlossen. *(Viehhaltung)*

Die Fortschritte in der Landwirtschaft des Hochmittelalters beruhten nicht auf bedeutsamen technischen Neuerungen, da keine völlig neuen Geräte entwickelt wurden. Bereits vorhandene Geräte wie Pflug, Kummet und Sense wurden verbessert und häufiger benutzt. Die rasche Verbreitung und vermehrte Anwendung schon bekannter Agrartechnik ist daher ein Charakteristikum der hochmittelalterlichen Landwirtschaft. Unter den Ackerbaugeräten ist besonders der Pflug zu nennen, der im Hochmittelalter wesentlich zur Verbesserung der Getreidewirtschaft beitrug. Der Beetpflug mit Rädern, Sech und schollenwendender Schar setzte sich im Hochmittelalter durch und drängte den Hakenpflug weiter zurück, der den *(Agrartechnischer Fortschritt; Beetpflug)*

Boden nur unzulänglich aufriß. Seit dem 11. Jahrhundert hat der Beetpflug in Mitteleuropa eine immer größere Verbreitung gefunden und bedeutend zur Expansion des Ackerbaus beigetragen. Eine Grundvoraussetzung für die Ausbreitung des schweren Pflugs war eine verbesserte Anspannung der Zugtiere.

<small>Anspanntechnik</small>

Betrachtet man die agrarwirtschaftliche Entwicklung des Hochmittelalters als Ganzes, so sind die Erfolge in der Landwirtschaft nicht zu übersehen. Die weiträumige Ausdehnung der Anbauflächen, die Ausweitung der Getreidewirtschaft, die Verbesserung der Arbeitsinstrumente und allgemein die Intensivierung des Ackerbaus schufen während des 12. und 13. Jahrhunderts die Grundlagen für den Aufschwung der Landwirtschaft. Die Steigerung der Bodenerträge war eine notwendige Voraussetzung für die Ernährung der zunehmenden Bevölkerung und für das Wachstum der Gesamtwirtschaft.

<small>Erfolge der Agrarwirtschaft</small>

3.2 Strukturwandel der Grundherrschaft

Durch die vielfältigen Wandlungsprozesse in Wirtschaft und Gesellschaft des Hochmittelalters entstanden neue Rahmenbedingungen für die Grundherrschaft; dies führte dazu, daß das alte Villikationssystem zerfiel. Die Auflösung setzte in einigen Gegenden bereits im 11. Jahrhundert ein, sie verstärkte sich im 12. Jahrhundert und vollendete sich in der nachfolgenden Zeit, so daß die alte Fronhofwirtschaft zu Anfang des 14. Jahrhunderts im allgemeinen ihr Ende gefunden hatte. In Lothringen und in einigen westlichen Reichsteilen begann dieser Prozeß offenbar am frühesten und bewirkte hier bereits im 12. Jahrhundert tiefgreifende Veränderungen. Im südostdeutschen Raum setzte der Zerfall dagegen später ein, und er endete in einigen bayerischen und österreichischen Grundherrschaften erst im Laufe des 14. Jahrhunderts.

<small>Zerfall des Villikationssystems</small>

Das Villikationssystem entsprach in seiner Grundstruktur in besonderem Maße den Bedingungen der frühmittelalterlichen Wirtschaftsordnung, die nur eine gering entwickelte Marktverflechtung besaß. Da im frühen Hochmittelalter eine Intensivierung von Handel und Verkehr einsetzte, entfielen diese Rahmenbedingungen; durch die aufkommende Geldwirtschaft erhielt die Grundherrschaft eine neue Basis. Die Marktbeziehungen erweiterten sich, und eine Arbeitsteilung zwischen Stadt und Land bahnte sich an. Dadurch verloren die Fronhöfe ihre frühere Bedeutung für die Versorgung der herrschaftlichen Haushalte, da die Güter des alltäglichen oder

<small>Neue Rahmenbedingungen</small>

3. Hochmittelalter

gehobenen Bedarfs jetzt günstiger von den aufblühenden Märkten bezogen werden konnten. Das frühmittelalterliche Fronhofsystem gewährte Grundherren und abhängigen Hufenbauern zwar ein hohes Maß an Autarkie, doch fesselte es zugleich die bäuerliche Arbeitskraft.

Neben den allgemeinen Ursachen und dem Trend zur Anpassung an die aufkommende Geldwirtschaft gab es auch spezielle Gründe, die im Hochmittelalter den Zerfall der Villikationsverfassung und damit verbunden eine Verringerung der grundherrschaftlichen Eigenwirtschaft bewirkten. Die Verwaltung der Villikationen mit ihrer differenzierten Rechts- und Wirtschaftsstruktur war aufwendig und verlangte ein hohes Maß an Organisationsgeschick, um die Tätigkeit der Villikationsverwalter zu überwachen, die Ableistung der bäuerlichen Frondienste zu kontrollieren und genügend Überschüsse auf den Fronhöfen zu erwirtschaften. *Ursachen der Auflösung des Villikationssystems*

Eine wesentliche Ursache für die Abkehr vom Fronhofsystem lag auch in den Schwierigkeiten, die sich aus dem Streben der Fronhofsverwalter, der Meier, nach Selbständigkeit ergaben. Die Verwalter der Fronhöfe entstammten der grundherrlichen *familia*; sie stiegen im Laufe der Zeit zu einer qualifizierten Oberschicht innerhalb der Hofgenossenschaft auf. Gestärkt durch ihre zentrale Funktion in der Villikationsverwaltung, suchten sich die Meier mit der Zeit selbständiger zu machen und zu einer besseren Rechtsstellung zu gelangen. In den Gegenden, wo das Villikationssystem verbreitet war, begegnen uns im 12. und 13. Jahrhundert Beispiele für Fronhofsleiter, die zu Ministerialen oder Rittern aufgestiegen sind. Wenn es dem Meier gelang, sein Amt in ein Lehen umzuwandeln, so hatte dies in der Regel die Erblichkeit des Meieramtes zur Folge. Gegen die Emanzipationsbestrebungen der Meier, das Erblichwerden der Meierämter und die Entfremdung von Grundherrschaftsrechten war offenbar die Auflösung des Villikationssystems das wirksamste Mittel. *Aufstiegsbestrebungen der Meier*

Die wachsende Abneigung der Bauern gegen die Ableistung von Frondiensten war ein weiterer Grund für den Zerfall der Fronhofverfassung. Die Städte mit ihren vielfältigen wirtschaftlichen Möglichkeiten und die zahlreichen Rodungsaktivitäten mit ihren vorteilhaften Bedingungen gaben den Bauern die Chance, den alten Grundherrschaften zu entkommen und sich aus bedrückenden Arbeitsbedingungen zu befreien. Die persönliche Leistung von Frondiensten auf den Herrenhöfen stieß im 11. und 12. Jahrhundert anscheinend auf wachsenden Widerstand bei den Hufenbauern, denn *Abneigung der Bauern gegen die Frondienste* diese wurden durch die Arbeitsleistungen davon abgehalten, ihre eigenen Hofstellen intensiv zu bewirtschaften. Außerdem wuchs das Selbstbewußtsein der Bauern, und ihre sozialökonomische Lage verbesserte sich allmählich.

Formen der Auflösung des Villikationssystems

Der konkrete Vorgang der Auflösung des Villikationssystems vollzog sich in den einzelnen Räumen und Grundherrschaften nach unterschiedlichen Mustern, Zeitabläufen und Intensitätsstufen. Unter systematischen Gesichtspunkten kann man dabei drei Hauptformen unterscheiden. Zum ersten ist ein Prozeß zu beobachten, bei dem die grundherrliche Eigenwirtschaft sich völlig auflöst. Der Fronhof wird an einen einzigen Bauern verliehen, der den Hof gegen eine feste Zinsleistung oder zu Teilbaurecht bewirtschaftet; der Hof bewahrt dabei im wesentlichen seine Geschlossenheit und bleibt auch grundherrliche Zinshebestelle und Sitz des Hofgerichts. Bei einer zweiten Variante wird das Salland des Fronhofs in mehrere selbständige Bauerngüter aufgeteilt, ohne daß ein Resthof zurückbleibt. Eine dritte Form der Auflösung besteht schließlich darin, daß das Salland des Fronhofes völlig parzelliert wird und eine Vielzahl von unselbständigen Einzelstücken entsteht.

Sonderformen der Auflösung

Neben diesen drei Hauptformen gab es in den einzelnen Landschaften noch mehrere Varianten der Auflösung des Sallandes und der Verpachtung der Höfe, sie waren von den jeweiligen Inhabern der Grundherrschaften geprägt. Der Resthof blieb stellenweise auch Sitz des Grundherrn, der die Hofwirtschaft dann entweder in eigener Regie weiterführte oder sie durch einen Verwalter betreiben ließ. Für diese Eigenwirtschaften benutzten die Grundherren sowohl die Hilfe angeworbener Lohnarbeiter als auch in geringem Maße bäuerliche Frondienstleistungen. Im allgemeinen verringerten sich die bäuerlichen Frondienste auf wenige Tage im Jahr und belasteten die bäuerliche Wirtschaft nur noch in geringem Maße. In einigen Grundherrschaften kam es auch zu Zwischenstufen im Auflösungsvorgang, wie z.B. zur Verpachtung ganzer Villikationen an Meier und ritterliche Dienstmannen gegen Ertragsanteile (Teilbau) oder zu Festzinsleistungen. Nach einiger Zeit ging man aber auch bei diesen Villikationen zur Aufteilung über.

Ergebnisse des Auflösungsprozesses

Trotz der vielen regionalen Besonderheiten und der unterschiedlichen Zeitabläufe kann man die Auswirkungen und Ergebnisse der Auflösung des alten Grundherrschaftssystems dahingehend zusammenfassen, daß die grundherrliche Eigenwirtschaft wesentlich reduziert, die ökonomische Verflechtung zwischen Fronhöfen und bäuerlichen Betrieben weitgehend aufgehoben und damit

3. Hochmittelalter

die persönliche Bindung der Hörigen an die Grundherren beträchtlich gelockert wurde. Die Bauern erlangten größere Freizügigkeit, eine bessere personenrechtliche Stellung und günstigere Besitzrechte an Hof und Leihegut. Durch die weit verbreitete Ablösung der Frondienste wurde die einzelbäuerliche Wirtschaft verstärkt, sie wurde leistungsfähiger gemacht, und das führte in vielen Gegenden zu einer erkennbaren Verbesserung der bäuerlichen Lebensbedingungen.

Infolge des Aufstiegs der Ministerialität und der Bildung einer breiten, auf grundherrlicher Basis lebenden Ritterschaft bildeten sich zahlreiche kleine Grundherrschaften. Die Reichsabteien, Bischofskirchen und weltlichen Magnaten benötigten für ihre umfangreichen Dienst- und Lehnsmannschaften eine grundherrliche Ausstattung und verwandten dafür einzelne Villikationen und Grundherrschaftskomplexe. Durch diese Erfordernisse wurden die großen Grundherrschaften des Königs, der Kirche und des Adels geschmälert. In Südwestdeutschland schufen vor allem die Staufer in ihrem weiträumigen Hausmachtbereich zahlreiche kleine Grundherrschaften und statteten mit ihnen Ministerialen und Vasallen aus, die sie für ihre Kriegs-, Hof- und Verwaltungsdienste benötigten. *Entstehung zahlreicher Kleingrundherrschaften*

Eine Folge des Strukturwandels war auch die Tendenz, daß sich die Grundherrschaft gegenüber der Leib- und Gerichtsherrschaft verselbständigte; Rechte und Befugnisse, die in der alten Grundherrschaft vereint waren, wurden zunehmend in grund-, leib- und gerichtsherrliche Einzelrechte segmentiert. In vielen Fällen wurden in den alten Villikationszentren die grundherrliche Rentenerhebung und die Gerichtsbarkeit voneinander getrennt und besonderen Stellen übertragen. Die Territorialherren gingen zudem dazu über, die Gerichtsbarkeit bei sich zu zentralisieren; dadurch wurde den ehemaligen Villikationsinhabern eine wichtige Funktion entzogen. *Segmentierung der Herrenrechte*

Parallel zur Auflösung der Villikationen innerhalb der alten Grundherrschaften entstanden neue Typen von Grundherrschaften und neue Systeme der Bewirtschaftung bei den Reformklöstern, und zwar besonders bei den Zisterziensern und Prämonstratensern. Anders als die alten Benediktinerabteien nutzten die Reformklöster ihre Grundbesitzungen in erheblichem Maße durch Höfe, *grangiae* oder *curiae* genannt, die sie selbst mit Hilfe von Laienbrüdern und weltlichen Lohnarbeitern betreiben. Die reichen Getreide- und Weinerträge ihrer hervorragend geführten Grangien setzten sie erfolgreich auf den Märkten der Städte ab und verwendeten den Ge- *Neue Bewirtschaftungsformen der Reformklöster* winn für den Ausbau ihrer Klostergüter und den Ankauf weiterer Landflächen.

Die Auflösung der Villikationsverfassung hat aber auch bei den älteren Grundherrschaften keineswegs zu einer völligen Aufgabe der grundherrlichen Eigenwirtschaft geführt. Große und kleine Grundherren bewirtschafteten weiterhin einige Herrenhöfe in eigener Regie und unterhielten einen Hof, mit dem sie die Versorgung des Haushalts mit Gütern des Grundbedarfs sicherstellten. Der hochmittelalterliche Wandel führte demnach zu einer wesentlichen Reduzierung der grundherrlichen Eigenwirtschaft, nicht jedoch zu ihrer völligen Aufgabe; die Erträge der von ihnen selbst bewirtschafteten Höfe spielten auch im 13. und 14. Jahrhundert noch eine beachtliche Rolle im Einnahmeetat der Grundherren.

Reduzierung der grundherrlichen Eigenwirtschaft

Durch die Einflüsse der sich entfaltenden Geldwirtschaft kam es im Agrarsektor zu freieren Formen der Landvergabe, die teilweise vertragliche Grundlagen hatten. Die Formen dieser Landübertragungen reichen von Erbpachtrechten über Teilbauverträge bis hin zu Zeitpachtformen in vielfältiger Gestalt. Das Rheinland war im Hochmittelalter durch ein starkes Eindringen der Zeitpacht gekennzeichnet, die offensichtlich durch die Nachbarschaft zum niederländischen Raum mit seinen früh aufkommenden Zeitpachtverhältnissen gefördert wurde. Vom Rheinland breitete sich die Verpachtung nach Westfalen und weiter in den nordwestdeutschen Raum hinein unterschiedlich aus.

Freiere Formen der Landvergabe

Zeitpachtformen

Neben den zeitlich befristeten Leiheformen setzte sich die Erbzinsleihe, die dem Bauern ein günstiges Besitzrecht gewährte, im Hochmittelalter in vielen Landschaften durch. Zu Erbzinsrecht verliehene Bauernstellen konnten ohne Übergangsprobleme an die Nachkommen übergeben werden, Verkäufe waren aber in der Regel an die Zustimmung des Grundherrn gebunden. Solange der Bauer Abgaben und Dienste fristgemäß leistete, besaß der Grundherr nur geringe Eingriffsrechte.

Ausbreitung der Erbzinsleihe

Die Ausbreitung neuer Formen der Landübertragung und die Reduzierung der Frondienste führten zu einer Verdinglichung des grundherrlich-bäuerlichen Verhältnisses. Der „persönliche Rechtsstand des Bauern" verlor immer mehr an Bedeutung gegenüber der „Sachtatsache seiner Verpflichtungen" [F. LÜTGE].

3.3 Veränderungen in der ländlichen Sozialstruktur

Neben der großen Masse der hörigen Bauern gab es im Hochmittelalter Freibauern unterschiedlicher Herkunft und Stellung. Durch die Ausbreitung der Grundherrschaft waren die meisten freien Bauern zwar allmählich in die Abhängigkeit weltlicher und geistlicher Grundherren gelangt, doch existierten nach wie vor Gruppen von freien Bauern in verschiedenen Landschaften des Reiches. Freie Bauern begegnen uns z. B. im 11. Jahrhundert im sächsischen Raum, als König Heinrich IV. gegen die aufständischen Sachsen kämpft. Freie Bauern gab es zur damaligen Zeit auch noch im benachbarten Westfalen und ebenso im südwestdeutschen Raum, wie z. B. in den Randzonen des Schwarzwaldes im Bereich der neugegründeten Klöster St. Peter und St. Georgen. *Rückgang der Zahl freier Bauern* *Freie Bauern in Sachsen*

Neben die altfreien, in ihrer Zahl abnehmenden Bauern traten im Hochmittelalter zugleich neue Gruppen von Freibauern. Freibauern finden sich während dieser Epoche auf Ausbauland sowohl in den Rodungsgebieten der Mittelgebirge als auch in den neu erschlossenen Landschaften der Fluß- und Seemarschen. Im ostdeutschen Kolonialland, wo freie bäuerliche Erblehen und Freibauern früh belegt sind, hat es offenbar ein allgemeines Siedlerrecht gegeben, das als deutsches Recht schlechthin galt. Auch im Schwarzwald setzte im 11. Jahrhundert eine neue Rodungswelle ein, die von vielen geistlichen und weltlichen Grundherren, aber auch von freien Bauern vorangetrieben wurde. *Neue Freibauern*

Auch beim hochmittelalterlichen Landesausbau traten in einigen Gebieten freibäuerliche Gemeinden in Erscheinung. Als sich um 1113, wie bereits erwähnt, niederländische Kolonisten zum Bremer Erzbischof begaben und Land in den Bremer Marschgebieten erbaten, begegnet hier eine freie bäuerliche Gemeinde mit eigenständigen Organisationsformen und weitgehenden Selbstverwaltungsrechten. Die Bildung bäuerlicher Gemeinden durchlief im Hochmittelalter ein wichtiges Stadium ihrer Entfaltung. Die Ansätze zur Gemeindebildung gehen zwar in das Frühmittelalter zurück, wo man verschiedene Vorstufen von bäuerlichen Gemeinden erkennen kann, doch treten voll ausgebildete Dorfgemeinden erst im Hoch- und Spätmittelalter in Erscheinung. Die Veränderungen in der Siedlungsstruktur, in der Grundherrschaft und in anderen Bereichen haben im Hochmittelalter in vielfältiger Weise zur Herausbildung von Dorfgemeinden mit eigenen Kompetenzen und Organen beigetragen. Die Verschiedenartigkeit der Ausgangs- *Freibäuerliche Gemeinden* *Entstehung der Dorfgemeinde* bedingungen und Entwicklungsfaktoren führte dabei in den einzelnen Landschaften zu unterschiedlichen Formen von Dorfgemeinden.

<small>Ursprünge der Dorfgemeinde</small>

Die Dorfgemeinde des Hochmittelalters geht auf herrschaftliche und auf genossenschaftliche Ursprünge zurück. Vom Fronhofsverband der alten Grundherrschaft führen mehrere Verbindungslinien zum späteren Dorf. Das Dorfgericht ist in vielen Orten aus dem Fronhofgericht der frühmittelalterlichen Grundherrschaft hervorgegangen, während der Vorsteher der Gemeinde an Verwaltungsaufgaben der alten Grundherrschaft anknüpft.

<small>Entwicklung der Nachbarschaft</small>

Die Dorfgenossenschaft des Hochmittelalters wurzelte auch in den nachbarschaftlichen Sozialformen der frühmittelalterlichen Epoche. Die Nachbarschaft bildete allgemein die wichtigste Grundlage für die Entwicklung des bäuerlichen Gemeinschaftslebens und war auch im vollentwickelten Dorf des Spätmittelalters ein Hauptelement des bäuerlichen Lebens. Je nach der Lage in Einzelhof- oder Dorfsiedlungsgebieten verstärkte sich die bäuerliche Nachbarschaft von Formen eines lockeren Nebeneinanderwohnens zu Formen intensiver sozialer Beziehung. In den Frühformen ländlicher Siedlung zeigen sich genossenschaftliche Züge zunächst bei der Einschränkung individuellen Handelns einzelner Höfe und Familien. Die nebeneinander wohnenden Familien und Hausverbände mußten wechselseitig Rücksicht üben und stärker miteinander kooperieren, wenn es um die Bewirtschaftung der Ackerflur und die gemeinsame Nutzung der Weideflächen ging. Parallel zur Siedlungsverdichtung intensivierten sich die nachbarlichen Beziehungen und Bindungen, die dann im dichtbevölkerten Dorf des Hoch- und Spätmittelalters zur vollen Entfaltung gelangten.

<small>Angleichung der ständischen Unterschiede</small>

Die soziale Kohäsion der Bauern im Rahmen der Dorfgenossenschaft wurde dadurch wesentlich verstärkt, daß parallel zum Wandel der Herrschafts- und Wirtschaftsverhältnisse eine zunehmende Angleichung der ständischen Unterschiede der verschiedenen bäuerlichen Sozialgruppen erfolgte. Im Zuge der Auflösung der alten Fronhofsverfassung lockerte sich die Bindung der hörigen Bauern an ihre Grundherren; an die Stelle der Zugehörigkeit zu mehreren Hofverbänden trat allmählich die Gemeinschaft aller Dorfbewohner. Die rechtlichen Unterschiede zwischen unfreien, halbfreien und freien Bauern verloren an Bedeutung; es vollzog sich eine Angleichung aller im Dorf ansässigen Personen. So bildete sich allmählich ein Bauernstand heraus, der sich von den anderen Ständen der hochmittelalterlichen Gesellschaft unterschied. Insbesondere erfolgte eine Abgrenzung von Ritterstand und Bauernstand: die *rustici* werden in den Quellen den *milites* gegenübergestellt. Einblicke in die Dorfgemeinde und in die dörflichen Verhältnisse gegen Mitte des 13. Jahrhunderts gewährt der Sachsenspiegel. Anhand der Angaben dieses Werkes und ergänzender Quellenhinweise läßt sich die Struktur der hochmittelalterlichen Dorfgemeinde im östlichen Sachsen gut erkennen. In dem von altsächsischen Verfassungselementen geprägten Raum östlich und nördlich des Harzes entwickelte sich im Hochmittelalter eine vom Bauermeister geleitete Dorfgemeinde, die sowohl Gerichtsgemeinde als auch dörfliche Genossenschaft war. Die Zuständigkeit der Gemeinde erstreckte sich gleichermaßen auf den inneren Dorfbereich und auf die dörfliche Feldmark; das ostfälische Dorf verfügte über Straßen und Wege, Back- und Gemeindehäuser, Dorfkrüge und Mühlen.

Die Dorfgemeinde nach dem Sachsenspiegel

Ähnlich wie die ostfälische Dorfgemeinde waren offenbar auch in den Nachbarlandschaften die Dorf- und Landgemeinden strukturiert. Zwischen den einzelnen Gemeinden gab es naturgemäß aufgrund der unterschiedlichen Ausgangsbedingungen und Naturverhältnisse große Unterschiede in der dörflichen Kompetenz für bestimmte Aufgaben, im Ausmaß der Selbstverwaltung und im Entwicklungsstand der Dorforgane, so daß es schwerfällt, den Verbreitungsgrad der im Sachsenspiegel dokumentierten Dorfgemeinde im mitteleuropäischen Raum anzugeben.

Unterschiedlichkeit der Gemeinden

Die Veränderungen des Hochmittelalters beeinflußten in starkem Maße auch die Sozialstruktur des Dorfes und der ländlichen Gesellschaft. Im Rahmen der alten Grundherrschaft und ihrer Hörigenverbände war es im Laufe der Zeit zu einem weitgehenden Angleichungsprozeß zwischen den verschiedenartigen freien und unfreien Herkunftsgruppen gekommen. Diese langdauernde rechtliche Nivellierung wurde im 12. und 13. Jahrhundert vorläufig abgeschlossen. Indessen traten in dem relativ einheitlichen Bauernstand neue innere Differenzierungen zutage: Statt der früheren rechtsständischen Unterschiede hatten jetzt die wirtschaftlichen Abstufungen zunehmend an Bedeutung gewonnen. Der Prozeß der neuen Differenzierung innerhalb der ländlichen Bevölkerung wurde deshalb dort besonders vorangetrieben, wo die bäuerliche Wirtschaft enge Verbindung zu expandierenden Märkten und Städten aufnahm. Infolge dieser Marktverflechtung kam es in städtereichen Landschaften zu einer deutlichen Schichtung der dörflichen Gesellschaft.

Sozialstruktur der Landbevölkerung

Diese sozialen Wandlungen innerhalb der ländlichen Gesellschaft sind von PH. DOLLINGER am Beispiel der bayerischen Verhält-

Die Entwicklung in Bayern

nisse gründlich untersucht worden. Unfreie und freie Bauern hatten sich bis zur Mitte des 13. Jahrhunderts in Bayern in allen wesentlichen Dingen bereits so stark angenähert, daß die bäuerliche Bevölkerung nicht mehr nach rechtlichen, sondern nach sozialen und wirtschaftlichen Kriterien gegliedert war. Die breiteste Schicht der bayerischen Bauernschaft bildeten die Inhaber von Hofstellen; sie unterschieden sich vor allem hinsichtlich der Größe ihrer Höfe und der Qualität des jeweiligen Leiherechts.

Bäuerlicher Widerstand im Hochmittelalter

Die ländliche Gesellschaft des Hochmittelalters war keineswegs frei von Konflikten und Auseinandersetzungen. Bauernaufstände und bäuerlicher Widerstand gegen herrschaftliche Übergriffe lassen sich in vielen Gegenden feststellen, wenngleich im Hochmittelalter nicht so spektakuläre Bauernaufstände stattfanden wie im Spätmittelalter. Vom 11. bis zum 13. Jahrhundert äußerte sich der bäuerliche Widerstand in vielfältiger Weise: Er reichte von alltäglichen Formen, wie vor allem der Verweigerung von Diensten und Abgaben, über Abwanderung und Flucht bis zu Bauernaufständen. Da ein großer Teil der hörigen Bauernschaft dem Fronhofsystem eingegliedert war, spielte sich der bäuerliche Widerstand lange Zeit hauptsächlich innerhalb der Fronhofsverbände und in lokal begrenzten Grundherrschaftsbereichen ab.

Bäuerliche Abwanderung

Die Widerstandskraft der Bauern gegen drückende Forderungen der Grund-, Leib- und Gerichtsherren wurde im Hochmittelalter dadurch wesentlich gestärkt, daß der intensive Landesausbau und der wirtschaftliche Aufschwung der Städte den Bauern günstige Ausweichmöglichkeiten eröffneten. Die vielfältigen Spannungen und Konflikte zwischen Feudalherren und Bauern führten deshalb vielerorts dazu, daß unzufriedene Bauern in Rodungsgebiete oder in aufblühende Städte abwanderten.

Der Aufstand der Stedinger

Zu regelrechten Bauernerhebungen kam es im 13. Jahrhundert vor allem im friesischen Raum, im Stedingerland und in Dithmarschen. Zu den wichtigsten Bauernaufständen des Hochmittelalters zählt die Erhebung der Stedinger. Diese führten in ihrem Siedlungsraum an der Unterweser jahrelang einen erbitterten Kampf gegen die Erzbischöfe von Bremen und die Grafen von Oldenburg, unterlagen aber schließlich der wachsenden Macht dieser Territorialfürsten. Seit Anfang des 12. Jahrhunderts hatten die Stedinger umfangreiche Marschgebiete an der Unterweser erschlossen und sich zu relativ unabhängigen Gemeinden entwickelt. Nachdem man die aufständischen Stedinger 1231 auf einer Bremer Kirchensynode zu Ketzern erklärt hatte und ein Kreuzzugsaufruf gegen sie verkündigt worden war, wurden sie 1234 in der Schlacht bei Altenesch von einem überlegenen Kreuzfahrerheer geschlagen.

4. Spätmittelalter (14. und 15. Jahrhundert)

4.1 Wüstungen und Veränderungen in der Bodennutzung

War die Epoche des Hochmittelalters von einer Zunahme der Bevölkerung geprägt gewesen, so folgte im Spätmittelalter ein starker Rückgang. Dieser Bevölkerungsrückgang setzte im frühen 14. Jahrhundert ein; er wurde dann seit der Mitte des 14. Jahrhunderts durch mehrere Pestwellen bedeutend verstärkt. Die erste Pestepidemie breitete sich von den Mittelmeerküsten und den Nordseehäfen über Italien, Spanien, Frankreich, Deutschland und von dort in den osteuropäischen Raum aus. Bei dem ersten großen Pesteinbruch, dem „Schwarzen Tod", fielen der Seuche in den Jahren 1347 bis 1351 in den meisten Ländern ungefähr ein Viertel der Menschen zum Opfer [J. C. RUSSELL; J. A. VAN HOUTTE]. In der zweiten Hälfte des 14. Jahrhunderts folgten weitere Pestwellen, in deren Verlauf die Bevölkerung noch mehr reduziert wurde, so daß die Gesamtbevölkerung Deutschlands um 1450 um etwa ein Drittel zurückgegangen war.

Der Rückgang der Bevölkerung im Spätmittelalter

Der Rückgang der Bevölkerung im 14. Jahrhundert ist eines der wichtigsten Ereignisse der deutschen und der europäischen Geschichte des Spätmittelalters. Die Pestwellen erfaßten die einzelnen Regionen zwar mit unterschiedlicher Intensität, doch wirkten sie insgesamt so nachhaltig, daß sie besonders für die sozialen und wirtschaftlichen Verhältnisse tiefgreifende Folgen mit sich brachten. „Es ist schlechterdings unmöglich, die Entwicklung der nächsten Jahrhunderte zu verstehen, ohne von diesem umwälzenden Ereignis auszugehen. Denn es ist ja nicht nur die Tatsache eines Massensterbens, das man im Auge behalten muß, sondern es sind die die damaligen Menschen zutiefst aufwühlenden Umstände, unter denen diese unerklärliche und unbekämpfbare Seuche, allen Gegenmaßnahmen trotzend, die Menschen dahinraffte" [F. LÜTGE].

Durch den Bevölkerungsrückgang des Spätmittelalters kam es zu beträchtlichen Verlusten an Dörfern, Höfen und bebauten Fluren, so daß das Siedlungsbild vieler Landschaften von Wüstungen geprägt war. Eine Gesamtschätzung läßt erkennen, daß die Zahl der Siedlungen innerhalb des Deutschen Reiches (in den Grenzen von 1937) in der Zeit um 1300 etwa 170 000 betragen hat, daß am Ende

Verluste an Siedlungen

des 15. Jahrhunderts davon aber nur noch etwa 130 000 vorhanden waren. Zur Messung der Häufigkeit der Wüstungen in einer bestimmten Region benutzen die Siedlungsgeographen den Wüstungsquotienten. Er gibt den Anteil der abgegangenen Orte an der Gesamtzahl der für das Mittelalter oder bis zur Gegenwart nachgewiesenen Siedlungen an.

Regionale Unterschiede im Anfall von Wüstungen

Aus der Karte der Wüstungen im spätmittelalterlichen Deutschland [190: ABEL, Wüstungen, 10] ergibt sich, daß das Ausmaß von Landschaft zu Landschaft wechselte. Groß war der Anfall von Wüstungen – mit über 40 Prozent abgegangener Orte – im nordbrandenburgischen Raum, in der Altmark, im Thüringer Gebiet, im Weser- und Leinebergland, im hessischen Bergland und auf den schwäbisch-fränkischen Keuperhöhen; mit nur 10 Prozent abgegangener Orte war der Wüstungsquotient im nordwestdeutschen Streusiedlungsgebiet und in der niederrheinischen Flachlandzone relativ gering.

Schwierigkeiten bei der Erfassung der Wüstungen

Die Schwierigkeiten bei der quantitativen Erfassung der Wüstungsvorgänge sind in mehreren Umständen begründet. Zahlreiche Ortswüstungen werden urkundlich nicht genannt, so daß sie nur durch Untersuchungen des Geländes, durch die Registrierung von Flurnamen und die Beachtung der mündlichen Überlieferung nachgewiesen werden können. Außerdem sind die partiellen Wüstungserscheinungen in den überdauernden Ortschaften beträchtlich gewesen; sie werden jedoch nur selten in der schriftlichen Überlieferung bezeugt und sind häufig in der Frühen Neuzeit wieder beseitigt worden. Neben den totalen und partiellen Ortswüstungen müssen auch die zahlreichen unbebauten Äcker beachtet werden. Flurwüstungen lassen sich aber in der Regel nur durch genaue Geländeuntersuchungen feststellen, ihr Alter ist dabei häufig nicht eindeutig zu ermitteln. Partielle Wüstungen gingen in Totalwüstungen über, wenn der Wüstungsprozeß sich vollendete; temporäre Wüstungen verwandelten sich in Dauerwüstungen, wenn der Wiederaufbau nicht vorankam.

Während in klimatisch und bodenmäßig begünstigten Gebieten trotz zahlreicher Ortswüstungen im allgemeinen nur wenige Flurteile für nur kurze Zeit außer Nutzung kamen, wurden in bergigen Buntsandsteinregionen ausgedehnte Landflächen dauernd aufgegeben bzw. nur noch extensiv bewirtschaftet; großräumige Forsten konnten sich hier auf früherem Rodungsland ausbreiten. In den Basaltberglandschaften kamen zu den Ortswüstungen noch die sich mit Wald überziehenden Flurwüstungen hinzu; früheres Ackerland

4. Spätmittelalter

wurde aber auch als Weide oder in Form der Feldgraswirtschaft weitergenutzt. Der spätmittelalterliche Wüstungsprozeß besaß hier eher die Merkmale eines Extensivierungsprozesses.

Neben dem allgemeinen Bevölkerungsrückgang beschleunigten auch Wanderungsvorgänge den Abgang vieler Orte. Die abziehenden Bauern begaben sich in benachbarte Städte, die durch die Pest viele Menschen verloren hatten und nun auf Zuzug angewiesen waren, oder in Dörfer mit günstigeren Wirtschaftsverhältnissen. Diese Vorgänge müssen aus der Häufigkeit der Wüstungen in bestimmten Landschaften und bei besonderen Bodenverhältnissen erschlossen werden. So konnte für die Waldgebiete des unteren Harzes und des Thüringer Berglandes nachgewiesen werden, daß die während der hochmittelalterlichen Rodungsphase gegründeten Dörfer in besonderem Maße vom Untergang betroffen waren. *Wanderungsvorgänge*

Der starke Bevölkerungsverlust und die gesunkene Nachfrage nach Getreide, dem wichtigsten Nahrungsmittel, führten seit der zweiten Hälfte des 14. Jahrhunderts zu einem langdauernden Fall der Getreidepreise. Da das Angebot an Getreide nicht parallel zur geschrumpften Nachfrage zurückging, entstand ein Überhang; die Preise sanken und leiteten im späten 14. Jahrhundert eine Niedrigpreisperiode ein, die sich über mehr als ein Jahrhundert hinzog. Bis zum Ende des 15. Jahrhunderts war der Trend abwärts gerichtet; er stieg erst zu Anfang des 16. Jahrhunderts allmählich wieder auf ein höheres Niveau an [W. ABEL]. Die Preise für Metall, Textilien, Baumaterial und auch für Vieh und Viehprodukte schlossen sich dieser fallenden Tendenz der Getreidepreise in der Regel nicht an. *Fall der Getreidepreise*

Da die Arbeitskräfte infolge der Verluste an Menschen knapp geworden waren, stiegen die Löhne weit über das Niveau der Zeit vor der Pest. Mit Lohntaxen wollte man die Lohnsteigerungen in den Griff bekommen, doch hatte dies nur wenig Erfolg, wie allein schon die häufige Wiederholung dieser Maßnahme zeigt. Derartige Lohntaxen wurden in Tirol, in Sachsen und in anderen deutschen Territorien erlassen. Sie nahmen teils Bezug auf die durch die Pest hervorgerufene Entwicklung, teils wiesen sie auch die Schuld für die Lohnsteigerungen den Arbeitgebern zu, die sich durch Zahlung höherer Löhne gegenseitig die Gesellen und Dienstboten abwarben. Die Taxen wurden zwar allgemein verkündet, doch hielt man sich offenbar kaum daran. *Anstieg der Löhne*

Im Gegensatz zu den Agrarerzeugnissen behielten die gewerblichen Produkte auch im 15. Jahrhundert einen relativ hohen Preis, so daß sich zwischen Agrarprodukten und den Gewerbeerzeugnissen *Preisschere zwischen Agrarprodukten und Gewerbeprodukten* eine deutliche „Preisschere" öffnete. Dies führte dazu, daß die Agrarproduzenten angesichts des Sinkens der Erlöse vor allem dann mit dem Steigen der Kosten zu rechnen hatten, wenn sie Lohnknechte beschäftigten und teure Arbeitsgeräte erwerben mußten. Nach einer langen Periode hoher Agrarpreise während der hochmittelalterlichen Aufschwungphase folgte im Spätmittelalter ein Abwärtstrend vor allem bei den Getreidepreisen, der für Bauern und Grundherren in gleicher Weise gravierende Folgen hatte. Diese von ABEL als Agrardepression gekennzeichnete Entwicklung veränderte Agrarwirtschaft und Bodennutzung grundlegend.

Langfristige Agrardepression

Von dieser langfristigen Agrardepression des Spätmittelalters, die angesichts eines überfüllten Marktes in erster Linie eine Absatzkrise für Getreide war, müssen die Teuerungskrisen alten Typs unterschieden werden, die es auch im 14. und 15. Jahrhundert gab. Die kurzfristigen Teuerungskrisen entstanden durch das Schwanken der Ernteerträge; Mißernten verursachten eine Verteuerung des Getreides und Hungersnöte. Ernteschwankungen und daraus sich ergebende Hungersnöte traten während des Mittelalters in allen Jahrhunderten und in allen Landschaften mit unterschiedlicher Intensität auf; sie wurden auch im Spätmittelalter von den Chronisten bezeugt, wie z. B. die Hungersnot der Jahre 1315/17. Die unregelmäßigen Ernteschwankungen und Hungerkrisen des 14. und 15. Jahrhunderts sind jedoch eingebettet in eine langfristige Depressionsphase.

Kurzfristige Teuerungskrisen

Extensivierung und Intensivierung

Infolge der Krise der Agrarwirtschaft und der niedrigen Getreidepreise traten im Spätmittelalter tiefgreifende Wandlungen in der Bodennutzung auf. Felder, die lange Zeit ackerbaulich bewirtschaftet worden waren, wurden in Weiden umgewandelt und den Viehherden überlassen. Andere Flächen mit hoher Bodenfruchtbarkeit und günstiger Verkehrslage wurden intensiver bewirtschaftet und mit Sonderkulturen versehen. Es zeigen sich demnach im Spätmittelalter einerseits Formen der Extensivierung durch Zunahme von Viehweiden und Ausbreitung der Busch- und Waldzonen und andererseits Phänomene der Intensivierung auf fruchtbaren und günstig gelegenen Flächen.

Ein Teil der alten Feldflächen wurde auch weiterhin ackerbaulich genutzt, wenngleich in extensiver Form. Sie sanken dabei auf die Stufe von Außenfeldern herab, die abseits der dörflichen Kernfluren lagen und einer ungeregelten und düngerlosen Feldgraswirtschaft anheimfielen. Stellenweise stammten die wüsten Felder, die wie Außenfelder bewirtschaftet wurden, auch aus einer Nachbar-

4. Spätmittelalter

gemarkung, deren Siedlungskern verödet war. Verlassene Felder wurden in der Regel als Weiden genutzt. Dies geschah vor allem in der Form der Sommerweide: Rinder und Schafe beweideten die verlassenen Feldstücke, solange genügend Graswuchs vorhanden war. In einigen Gegenden wurden in wüsten Fluren und aufgegebenen Gemarkungen auch planmäßig Schafhöfe errichtet; die verlassene Dorfflur diente dann als Dauerweide für Schafherden. Derartige Schafhöfe inmitten von abgegangenen Dörfern finden sich im 14. Jahrhundert in Südwestdeutschland z. B. im Grundherrschaftsbereich der Grafen von Württemberg. *(Ausweitung der Weideflächen)*

War ein Übergang zur regelmäßigen Beweidung unmöglich, so verwandelten sich aufgelassene Felder häufig in Busch- und Waldflächen. Vor allem in den Mittelgebirgszonen vergrößerten sich auf diese Weise im Spätmittelalter die Wälder in beträchtlichem Ausmaße. Am Boden dieser Waldflächen finden sich noch heute die Relikte des alten Ackerbaus in Gestalt von Ackerterrassen, Wölbäckern, Hochrainen und gesammelten Feldsteinen. Auch Flurnamen wie Haferfeld, Haferschlag oder Düngerweg erinnern an früheren Ackerbau. *(Vergrößerung der Waldflächen)*

Die Ausweitung der Viehwirtschaft konnte auch ein Hinweis auf eine Intensivierung der Agrarwirtschaft sein, wenn Viehhöfe im Nahbereich von Städten angelegt wurden, um die Stadtbewohner mit Milch, Butter und Fleisch zu versorgen. Es handelt sich hier um die Anfänge einer intensiven Milchviehhaltung. Die hohe Kaufkraft der Städter schuf eine Nachfrage nach Fleisch und hochwertigen tierischen Produkten. Quellenzeugnisse und vorsichtige Schätzungen zum Fleischverbrauch des Spätmittelalters lassen darauf schließen, daß der Fleischkonsum damals relativ hoch war. Nicht nur die wohlhabenden Schichten, sondern auch die weniger bemittelten Bevölkerungsgruppen verzehrten im Spätmittelalter große Mengen an Fleisch. *(Milchviehhaltung; Hoher Fleischverbrauch)*

Einen guten Absatz fand zur damaligen Zeit auch das Obst. Aus Zollprivilegien, Speiseordnungen und städtischen Marktordnungen erfahren wir vom vielfältigen Obstangebot und vom reichlichen Obstverbrauch; in den Marktordnungen vieler Städte erscheint das Obst oft als wichtigste Verkaufsware. Aus München wird z. B. überliefert, daß im Jahre 1443 Marktgebühren u. a. für einen Wagen Äpfel, ein Faß Birnen und ein Faß Zwetschgen festgesetzt wurden [20: ABEL, Landwirtschaft, 129]. Eine bedeutende Rolle spielt im Spätmittelalter auch der Wein. Zu einer Zeit, in welcher der Getreidebau stark zurückging, erfuhr der Weinbau die größte *(Obst und Wein)*

Ausdehnung, die er jemals in Deutschland gehabt hat. Weinreben wurden sogar in Gegenden gepflanzt, wo keine günstigen Standortbedingungen vorhanden waren.

Ein hoher Grad der Bodennutzung wurde im Spätmittelalter bei einigen Spezialkulturen erreicht. Dazu zählte besonders der Anbau von Handels- und Industriepflanzen. In Süddeutschland und im Moselraum, aber auch in Westfalen und Niedersachsen breitete sich der Flachsbau aus. In Thüringen wurden Farbpflanzen wie Waid und Krapp und auch vielfältige Gemüsesorten gepflegt, Raps und Rüben baute man in vielen Gegenden an, auch gewann der Hopfen überall an Bedeutung: nicht nur in Franken und Bayern, sondern auch im Umkreis von Städten wie Braunschweig und Rostock. Gärten und Gartenringe breiteten sich im Spätmittelalter um fast jede größere Stadt aus, um die Versorgung der städtischen Bevölkerung mit Gemüse und Gartenfrüchten zu gewährleisten.

Spezialkulturen

4.2 Strukturen der spätmittelalterlichen Agrarverfassung

Ausgangspunkt der spätmittelalterlichen Agrarverfassung war die Auflösung der Villikationsverfassung, die im 12. und 13. Jahrhundert geschah und sich in den einzelnen Landschaften und Grundherrschaften nach unterschiedlichen Formen und Zeitabläufen abspielte [vgl. oben S. 22]. Das Ergebnis dieses Wandlungsprozesses bestand darin, daß sich innerhalb Deutschlands unterschiedliche Typen der Grundherrschaft herausbildeten. F. LÜTGE unterschied in den altdeutschen Siedlungsgebieten neben einigen Übergangsformen fünf landschaftsbezogene Haupttypen der Grundherrschaft.

Strukturwandel des Hochmittelalters

Im südwestdeutschen Raum sehen wir zu Beginn des 14. Jahrhunderts überwiegend ein Zins- und Rentensystem, das häufig mit dem Ausdruck „versteinerte Grundherrschaft" charakterisiert wird. Sofern mit diesem Begriff die Tatsache des Wandels bestritten werden soll, scheint er dem Sachverhalt wenig angemessen. Im Zuge der Auflösung alter Villikationen wurde die grundherrschaftliche Eigenwirtschaft besonders bei den großen kirchlichen Grundherrschaften weitgehend aufgegeben. Reste der Fronhofverfassung erkennt man in den Meier- und Dinghöfen, deren Inhaber häufig administrative Aufgaben im Dienste ihrer Grundherren wahrnahmen; dazu zählten insbesondere das Einsammeln von Abgaben an die Grundherren und die Ausübung gerichtlicher Funktionen. Der genossenschaftliche Zusammenschluß der alten Hufenbauern im Hörigenverband der Hofgenossenschaft überdauerte in der Regel noch

Südwestdeutsche Grundherrschaft

längere Zeit den Zerfall der ursprünglichen Organisation. Frei gewordene Güter müssen im Kreis der Hofgenossen weitergegeben werden, Heiraten über diesen Kreis hinaus sind oft nur mit der ausdrücklichen Zustimmung des Leibherrn möglich. Die Bauern besitzen ihre Güter und Höfe teils zu Erbzinsrecht, teils zu weniger günstigem Besitzrecht; sie sind überwiegend zu fixierten Natural- und Geldabgaben verpflichtet, die nicht gesteigert werden dürfen.

Ähnlich wie in Südwestdeutschland verlief die Agrarentwicklung im benachbarten Rhein-Mosel-Gebiet: Unter Beibehaltung einiger älterer Formen wandelte sich auch hier die Grundherrschaft zum Rentensystem. Die Herrenhöfe wurden in der Regel verpachtet, die Frondienste durch Geldzinse abgelöst. Im Rheinland blieb die Zeitpacht zunächst auf das Salland der alten Fronhöfe beschränkt; nur in einigen Gebieten am Niederrhein gelang es offenbar den Grundherren, das Pachtsystem in gewissem Umfang auch auf die Bauernhöfe der Hörigen auszudehnen. Im südlichen Rheinland setzte sich jedoch bei den Bauernhöfen in der Regel das Erbzinsrecht durch, während bei vielen Fronhöfen die Zeitpacht vorherrschte. Zum Vordringen des Zeitpachtwesens kam eine starke Mobilisierung des Grundbesitzes; mit der Intensivierung des Anbaus und der Ausbreitung von Wein- und Gemüsekulturen wuchs in vielen Gegenden des Rheinlandes die Zersplitterung des Grundbesitzes. Im Gegensatz zu dieser Bodenmobilität stand die Versteinerung alter grundherrlicher Einrichtungen. Die Grundherren behielten teilweise die niedere Gerichtsbarkeit in ihren Händen; unter ihrem Vorsitz tagten die Hofgerichte, an denen alle Güterveränderungen innerhalb des Hofverbandes vorgenommen wurden. *Westdeutsche Grundherrschaft*

In Ostfalen hingegen wurden nach WITTICH, dem LÜTGE weitgehend folgt, die Villikationen im 12. und 13. Jahrhundert radikal aufgelöst. Die Hintersassen wurden persönlich frei, aber sie verloren damit auch ihr Nutzungsrecht an Land und Höfen. Die Grundherren gingen dazu über, mehrere Hufen zu einer Großbauernstelle zusammenzulegen und diese dann an einen der freigelassenen Laten gegen Abgaben zu übertragen. Alte Herrenhöfe und neugebildete Bauernhöfe wurden auf der Basis eines neuen Rechts, des Meierrechts, vergeben, das zunächst ein reines Pachtverhältnis war, sich aber im Laufe der Zeit in ein beschränktes grundherrliches Besitzrecht und zu Erbpachtformen wandelte, wobei die Bauernschutzpolitik mächtiger Landesherren eine Rolle spielte. Die landlos gewordenen Bauern sanken zu Kleinstellenbesitzern herab, die auf den Großbauernhöfen oder im Landhandwerk Arbeit fanden. Neuere *Nordwestdeutsche Grundherrschaft*

Arbeiten haben zwar erwiesen, daß wesentliche Teile dieser Aussagen zur nordwestdeutschen Grundherrschaft nicht mehr gültig sind, doch fehlt es noch an zuverlässigen Untersuchungen zum tatsächlichen Verlauf des Wandlungsprozesses und zur Struktur der spätmittelalterlichen Grundherrschaft in Nordwestdeutschland. Reste der alten Form persönlicher Abhängigkeit hielten sich auch in diesem Raum wie, vor allem in Gestalt der „Eigenhörigkeit", in einigen Teilen Westfalens. Von Bedeutung war für die ostfälische Grundherrschaftsentwicklung die Agrarpolitik der Landesherren; aus der Pacht wurde so allmählich ein erbliches Nutzungsrecht, wodurch sich die bäuerliche Position wesentlich festigte. Die Landesherrschaft beschränkte außerdem die Möglichkeit, bäuerliche Lasten zu erhöhen, und förderte die Geschlossenheit der Höfe.

Mitteldeutsche Grundherrschaft

Die mitteldeutsche Grundherrschaft stellt in gewisser Weise ein Bindeglied zwischen der Gutsherrschaft im Osten und der Grundherrschaft in Westen dar. Das trifft die historische Wirklichkeit sicher insofern, als sich im thüringischen Grenzraum nach LÜTGE jene günstige Lage der Bauern herausgebildet hatte, die dann nach Osten hinübergenommen wurde. Sie konnte sich allerdings nur im späteren Kursachsen behaupten, so daß Thüringen und Kursachsen den Kernbereich der mitteldeutschen Grundherrschaft bilden. Dieser Raum war auch in einem anderen Sinne ein Bindeglied, sofern sich dort zahlreiche Gutsbetriebe der Landesherren, des Adels und der Kirche finden. Die Abgaben der Bauern waren fixiert, und ihre Besitzrechte in der Regel äußerst günstig, wobei das zinsbelastete Eigentum sowie das Erbzinsrecht dominierten. Ebenso günstig war die persönliche Rechtslage der Bauern und der übrigen ländlichen Bevölkerung. Die einst weit verbreitete persönliche Unfreiheit war seit dem 13. Jahrhundert verschwunden, ohne daß es im Spätmittelalter hier zur Neubildung leibherrlicher Abhängigkeit kam.

Südostdeutsche Grundherrschaft

In Bayern, im Salzburger Land, in Ober- und Niederösterreich, in Kärnten und in der Steiermark bildete sich eine südostdeutsche Form der Grundherrschaft heraus. Die Eigenwirtschaft der Grundherren war in Bayern nur gering ausgebildet, die persönliche Abhängigkeit war mit der Grundherrschaft nicht verknüpft, und die Leibeigenschaft war zu einer Reallast geworden. Das bäuerliche Besitzrecht blieb aber relativ ungünstig, da kurzfristige Leiheformen dominierten. Die Höfe konnten jedoch vererbt werden, sofern die hohen Besitzwechselgebühren (Laudemien) entrichtet wurden. Fast die Hälfte der Bauern unterstand der landesherrlichen Gerichtsbarkeit, obwohl ein viel geringerer Teil der landesherrlichen Grundherrschaft unterstand. Durch Zusammenlegen von Grund- und Gerichtsherrschaft in einigermaßen geschlossenen Bezirken kam es zur Bildung von sog. Hofmarken, wobei teilweise noch leibherrliche Rechte und Zehntberechtigungen hinzukamen. So entstanden geschlossene Herrschaftsbereiche, die sich der ostdeutschen Gutsherrschaft annäherten. Die Hofmarken waren häufig klein, was zur Folge hatte, daß nicht selten zahlreiche Hofmarken in einer Hand vereinigt waren. *(Entstehung von Hofmarken)*

Neben diesen fünf Haupttypen der Grundherrschaft im altdeutschen Siedlungsraum gab es nach LÜTGE noch mehrere Sonder- und Übergangsformen. Da einige Gebiete in dieser Hinsicht kaum erforscht sind, kann man sie nicht eindeutig in das dargelegte Spektrum der regionalen Grundherrschaftstypen einordnen. In der Struktur der Grundherrschaft berühren sich einige Landschaften wie Hessen und Franken mit den ihnen benachbarten Regionen. *(Sonderformen der Grundherrschaft)*

Die Grundherrschaft in Franken z. B. war eng verwandt mit der benachbarten mitteldeutschen Grundherrschaft; Formen echter Unfreiheit waren hier im 14. und 15. Jahrhundert in der Regel verschwunden, und frühere leibherrliche Abgaben hatten sich verdinglicht. In manchen Gegenden von Franken, insbesondere im Hochstift Würzburg, gab es aber viele Leibeigene, die zu Abgaben oder Diensten verpflichtet waren. Berührungspunkte mit der mitteldeutschen Grundherrschaft zeigten sich in Franken darin, daß es zwar herrschaftliche Gutsbetriebe gab, daß diese sich aber nicht zur Gutsherrschaft weiterentwickelten. *(Grundherrschaft in Franken)*

Hessen bildete offenbar eine Mischzone, in der sich verschiedene grundherrschaftliche Einflüsse der Nachbargebiete kreuzten. Im Unterschied zu Thüringen dauerte hier die persönliche Unfreiheit längere Zeit fort, so besonders im Grundherrschaftsbereich des Klosters Fulda, wo sie noch im 14. Jahrhundert nachweisbar bleibt. Unter den bäuerlichen Besitzrechten dominierten zuerst kurzfristige Leiheformen sowie das besondere hessische Landsiedelrecht, bis sie schließlich vom Erbzinsrecht zurückgedrängt wurden. *(Grundherrschaft in Hessen)*

Anders als im Westen und Süden Deutschlands, wo die Agrarverfassung durch verschiedene Grundherrschaftstypen bestimmt war, bildete sich im Osten die Gutsherrschaft heraus, die im Kern in der Bildung geschlossener Bezirke mit hoheitlichen Funktionen bestand. Von der späteren scharfen Scheidung zwischen dem grundherrschaftlichen Westen und dem gutsherrschaftlichen Osten war im Hochmittelalter noch nichts zu spüren. Ostdeutschland in diesem Sinne ist allerdings nicht identisch mit den von der Ostsiedlung ge- *(Ostdeutsche Gutsherrschaft)* prägten ostdeutschen Gebieten. So findet sich die ostdeutsche Gutsherrschaft nicht im alten Kursachsen, dafür aber auch westlich der Elbe in der Altmark.

Die Ansiedlung der Bauern in den Neusiedlungsgebieten des Ostens war in der Regel in grundherrschaftlichen Formen erfolgt.

Hochmittelalterliche Voraussetzungen

Größere Grundherrschaften wurden von Bistümern und Klöstern sowie von mächtigen landesherrlichen Adelsgeschlechtern aufgebaut. Insbesondere der ritterliche Adel organisierte die Siedlung und wurde mit grundherrlichen Besitzrechten ausgestattet; er besaß häufig eine kleine Gutswirtschaft von 6 bis 10 Hufen Größe. Diese Ritterhöfe sowie die neu geschaffenen Wirtschaftshöfe der Zisterzienser und Prämonstratenser waren keineswegs fronhofsmäßig organisiert; sie wurden durch Gesindekräfte und Tagelöhner, nicht aber mit bäuerlichen Frondiensten bewirtschaftet. Die Bauern hingegen besaßen ein günstiges Erbzinsrecht, das durch persönliche Freiheit, Erbrecht am Hof und freies Verfügungsrecht über den Besitz gekennzeichnet war.

Genese der ostdeutschen Gutsherrschaft

Im Vergleich mit den altdeutschen Gebieten war die soziale und rechtliche Lage der Bauern in den Ostsiedlungsgebieten im 14. Jahrhundert wesentlich günstiger. Anders als im Westen gab es jedoch in Ostdeutschland eine Fülle von herrschaftlichen Eigenbetrieben. Diese Gutswirtschaften wurden dann im 15. Jahrhundert allmählich vergrößert, so daß sich der Weg zur Formierung der ostdeutschen Gutsherrschaft anbahnte. Diese Gutsherrschaft hatte in allen Landschaften einen weitgehend gleichen Ursprung, doch war das Ausmaß ihrer Entwicklung wesentlich von der Haltung des Landesherrn gegenüber den ritterlichen Ständen geprägt. Wüste Bauernstellen wurden vielerorts eingezogen und entweder für die Anlage neuer Rittersitze oder für die Vergrößerung schon bestehender Gutswirtschaften verwendet. Auch im Bereich der ostdeutschen Gutsherrschaft bildeten sich unterschiedlich geprägte Regionaltypen der Agrarverfassung heraus.

Im Hinblick auf die Herrschaftsträger besaßen im Spätmittelalter die landesherrlichen, niederadeligen, stadtbürgerlichen und kirchlichen Grundherrschaften eine besondere Bedeutung. Eine

Die landesherrliche Grundherrschaft

wichtige Stellung nahm im Zeitalter der sich entwickelnden Territorien die landesherrliche Grundherrschaft ein. Der Besitz von grundherrlichen Rechten war für die Ausbildung der territorialen Gewalt zwar nicht ausschlaggebend, doch konnte ein beträchtlicher grundherrschaftlicher Besitz den Aufstieg zur Territorialherrschaft erleichtern. Das Ausmaß der landesherrlichen Grundherrschaft war

4. Spätmittelalter

ferner für die Position des Landesherrn gegenüber den Landständen von Gewicht, da die Einkünfte aus dem landesherrlichen Grundbesitz einen wichtigen Teil des Landeshaushalts bildeten. Ergiebige Einnahmen aus der eigenen Grundherrschaft garantierten dem Landesherrn eine größere finanzielle Unabhängigkeit, denn sie waren nicht wie andere landesherrliche Einkünfte von der Zustimmung der Landstände abhängig.

Anders als die Landesherren verfügten die Angehörigen des niederen Adels im spätmittelalterlichen Deutschland im allgemeinen nicht über umfangreiche Besitzungen. Die meisten von ihnen stammten aus der Ministerialität und waren auf der Basis von kleinen Grundherrschaften oder bescheidenen Rittergütern zum niederen Adel aufgestiegen. Im Zentrum einer ritterlichen Grundherrschaft stand in der Regel eine Burg mit Wirtschaftshof, Dorfherrschaft und hörigen Bauern, um die sich in den Nachbarorten weitere Grundbesitzungen und Herrschaftsrechte gruppierten. Nur der Kernbereich einer niederadeligen Grundherrschaft war demnach mit niedergerichtlichen Rechten ausgestattet. Die meisten ritteradeligen Grundherren besaßen im Spätmittelalter noch eigenbewirtschaftete Güter, die der Selbstversorgung des herrschaftlichen Haushalts dienten. *Grundherrschaften des niederen Adels*

Viele Aussagen, die zur Struktur niederadeliger Grundherrschaften gemacht werden können, gelten auch für städtisch-bürgerliche Grundherrschaften. Bei diesem Grundherrschaftstyp muß man jedoch unterscheiden zwischen den grundherrlichen Rechten einzelner Stadtbürger, städtischer Institutionen und der Stadt selbst. Städtische Patriziergeschlechter verfügten häufig über umfangreiche Grundbesitzungen und Herrschaftsrechte im näheren oder weiteren Umkreis ihrer Städte. Zu den größten Grundherren gehörten in vielen Gegenden die Stadtspitäler, die häufig mit reichem Grundbesitz ausgestattet waren und gerade im Spätmittelalter expandierten. Der städtische Trend zur Intensivierung und Rationalisierung der Wirtschaftsführung wirkte sich offenbar auch in den städtisch-bürgerlichen Grundherrschaften aus. *Städtisch-bürgerliche Grundherrschaften*

Ein beachtlicher Teil des grundherrschaftlichen Besitzes befand sich im Spätmittelalter in der Hand der Klöster, Abteien und Stiftskirchen. Die kirchliche Grundherrschaft erstreckte sich im Unterschied zur adeligen Grundherrschaft in der Regel über einen größeren Raum. Im Spätmittelalter ist nun auch bei vielen kirchlichen Grundherrschaften eine Tendenz zur Konzentration des Grundbesitzes und der Herrschaftsrechte zu beobachten. Es gelang aber nur *Kirchliche Grundherrschaften* einem Teil der geistlichen Grundherren, geschlossene Grundherrschaftsbereiche aufzubauen und damit ihren Besitz rationeller zu organisieren. Trotz der Arrondierungspolitik wiesen daher viele kirchliche Grundherrschaften weiterhin eine relativ lockere Struktur auf.

4.3 Die soziale Lage der bäuerlichen Bevölkerung

<small>Faktoren der sozialen Differenzierung</small>

Die ländliche Gesellschaft zeigt zu Anfang des 14. Jahrhunderts eine ausgeprägte soziale Schichtung. Von den Faktoren, die während des Mittelalters die soziale Differenzierung in der bäuerlichen Bevölkerung vorantrieben, sollen im folgenden kurz die wichtigsten genannt werden. Die Unterschiede der Ausstattung mit Landbesitz – sie reichte von den großen mehrhufigen Bauernhöfen bis zu den bäuerlichen Kleinstellen – brachten bereits grundlegende Unterschiede in den ökonomischen Ausgangsbedingungen mit sich. Im Zuge der Bevölkerungsverdichtung des Hochmittelalters kam es dann zu einer weiteren besitzmäßigen Differenzierung innerhalb der Bauernschaft, da die Zahl der bäuerlichen Anwesen in den Dorfgemarkungen sich erhöhte und insbesondere die bäuerlichen Kleinstellen zunahmen. Die soziale Differenzierung wurde auch durch die unterschiedliche Rechtsstellung der Bauern und durch die verschiedenen Abhängigkeitsformen beeinflußt; Bauern mit geringerer Abgabenbelastung und günstiger Rechtsstellung verfügten über bessere Möglichkeiten zur Vergrößerung ihres Land- und Viehbesitzes.

<small>Unterschiedliche Besitzausstattung</small>

<small>Beteiligung an der Marktproduktion</small>

Während der hochmittelalterlichen Aufschwungphase der Agrarwirtschaft wurde die unterschiedliche Beteiligung der Bauern an der Produktion für den städtischen Markt ein Hauptfaktor der Abstufung unter den bäuerlichen Betrieben. Bauernhöfe in günstiger Lage konnten durch den Verkauf von Überschüssen beträchtliche Gewinne erzielen und sie in ihrer Wirtschaft vorteilhaft investieren. Der Prozeß der sozialen Differenzierung verstärkte sich daher seit dem Hochmittelalter besonders in Dörfern, die in fruchtbaren Getreide- und Weinbaulandschaften sowie in der Nähe von Städten lagen, wo der Markt für Agrarprodukte expandierte.

<small>Einfluß des bäuerlichen Erbrechts</small>

Als weiterer Faktor der sozialen Schichtung ist nicht zuletzt das bäuerliche Erbrecht zu erwähnen, das einen großen Einfluß auf die Größe und Zahl der bäuerlichen Betriebe hatte. In Gebieten mit geschlossener Gütervererbung ist der soziale Gegensatz zwischen einer Oberschicht von Groß- und Mittelbauern und einer Unterschicht

4. Spätmittelalter

von landarmen Kleinstelleninhabern, die sich zum Teil aus den nichterbenden Söhnen rekrutiert, stark ausgeprägt. In Zonen mit Realteilung kommt es zu einem größeren Bevölkerungswachstum, zu einer Zunahme der Bauernbetriebe und einer breiten Schicht von Kleinbauern. Gebiete mit geschlossener Gütervererbung weisen in der Regel eine stabile Höfestruktur auf, während Realteilungszonen zum Kleingütersystem und zur Bildung großer Haufendörfer mit parzellierter Gewannflur tendieren.

In Dörfern und Regionen dichter Quellenüberlieferung kann man die bäuerliche Sozialstruktur zu Beginn des 14. Jahrhunderts gut analysieren. Dies ist bei einigen Dörfern in der Umgebung der Stadt Freiburg im südlichen Oberrheingebiet der Fall, wo die Bevölkerungszahl im Laufe des Hochmittelalters stark angestiegen ist. Die Eingliederung der Bauernbetriebe in die sich intensivierenden Marktbeziehungen des Breisgaus hat die Besitzdifferenzierung in den Dörfern beschleunigt und die Abstufung zwischen reichen und armen Bauern verstärkt. *Sozialstruktur von Breisgau-Dörfern*

In zahlreichen Dörfern des Breisgaus dominieren bereits die Kleinbauernstellen, die sich im Laufe der Zeit durch die fortgesetzte Teilung der Bauerngüter vermehrt haben. Diese Kleinbauern bilden die bäuerliche Unterschicht. Die Mitglieder der bäuerlichen Oberschicht sind Inhaber der großen Meier- und Dinghöfe, zu denen ausgedehnte Grundbesitzungen gehören. Unterhalb dieser schmalen Oberschicht befindet sich eine mittlere Schicht von Bauern mit durchschnittlicher Besitzausstattung.

Instruktive Einblicke in die Sozialstruktur brandenburgischer Dörfer während der zweiten Hälfte des 14. Jahrhunderts gewährt das Landbuch Kaiser Karls IV. vom Jahre 1375. Der durchschnittliche Hufenbesitz beträgt in den Dörfern der Altmark etwa zwei Hufen, doch ist er äußerst ungleich auf die einzelnen Bauerngruppen verteilt. Nimmt man für eine Hufe eine Größe von 7,5 ha, so ergibt sich folgende Klassifikation: 6 Prozent der Bauern verfügen über Klein- und Kleinststellen von 0,5 bis 5 ha; etwa 70 Prozent besitzen mittlere Bauernbetriebe zwischen 5 und 20 ha, und ungefähr 24 Prozent gehören zu einer großbäuerlichen Schicht mit Höfen zwischen 20 und 40 ha [E. ENGEL]. Diese Zahlenangaben zur Besitzdifferenzierung innerhalb der brandenburgischen Bauernschaft lassen erkennen, daß das spätmittelalterliche Dorf in der Altmark durch eine relativ breite Schicht mittlerer und großer Bauern geprägt ist; gegenüber diesen beiden oberen Schichten hat die Unterschicht der Kleinbauern kein großes Gewicht. *Sozialstruktur brandenburgischer Dörfer*

Vergleichbare Verhältnisse wie in der Altmark oder im Breisgau kann man in vielen anderen Landschaften beobachten. Zur bäuerlichen Oberschicht zählen vor allem die Inhaber der größeren Höfe; neben beträchtlichem Grundbesitz gehörten zu diesen Höfen umfangreiche Wirtschaftsanlagen mit Scheunen und Stallungen. Die Großbauern wurden von ihren Grundherren häufig mit der Durchführung wichtiger Aufgaben in der Grundherrschaftsverwaltung beauftragt, so daß sie Funktionen als Vögte, Zinseinnehmer oder Richter ausübten. Die Besitzer der größeren Höfe stellten überdies in der Regel auch die Dorfvorsteher und die Mitglieder des Dorfgerichts. Den anderen Pol der dörflichen Gesellschaft bildeten die Inhaber der Klein- und Kleinsthöfe, deren Zahl in den fruchtbaren Landschaften bis zum ausgehenden Hochmittelalter auffallend zugenommen hatte. Unter Bezeichnungen wie Viertelhufen, Schupposen oder Selden tauchten die kleinbäuerlichen Betriebe, deren Erträge oft nicht mehr für den Unterhalt einer größeren Bauernfamilie ausreichten, in den Quellen auf. Zwischen der schmalen Oberschicht und der breiten bäuerlichen Unterschicht gab es eine unterschiedlich starke Schicht von mittleren Bauern mit normaler Besitzausstattung, deren Höfe den Umfang von Ganz- oder Halbhufen besaßen.

Die Betriebsgrößen verteilten sich in unterschiedlicher Form über die einzelnen Räume. Die bäuerlichen Kleinbetriebe konzentrierten sich vor allem am Oberrhein, im Neckarraum und im Mittelrheingebiet, ferner in Oberhessen, in Unterfranken und in einigen Nachbarlandschaften. Die mittleren und größeren Bauernhöfe befanden sich dagegen vornehmlich in Westfalen und Niedersachsen sowie in Bayern. Im östlichen Deutschland waren die Höfe der deutschen Kolonisten von Anfang an mit größeren Landflächen versehen worden; sie umfaßten im ostdeutschen Flachland in der Regel ein Areal von etwa zwei Hufen.

Der bäuerliche Lebensstandard der Zeit um 1300 richtete sich aber nicht allein nach der Größe des jeweiligen Betriebes und der unterschiedlichen Bodenfruchtbarkeit, sondern vor allem nach der Höhe der Abgabenbelastung. Seit der Auflösung der Fronhofsverfassung und der radikalen Reduzierung der Frondienste lag das Hauptgewicht bäuerlicher Leistungspflichten gegenüber Grund-, Leib- und Gerichtsherren zweifellos bei den Geld- und Naturalabgaben. Infolge der Vielfalt bäuerlicher Leistungen in Gestalt von Grundzinsen, Zehntgefällen, Leibzinsen, Vogteiabgaben und Steuern, die von Landschaft zu Landschaft verschieden sind und in den

4. Spätmittelalter

Quellen unter mannigfachen Bezeichnungen auftauchen, fällt es schwer, genaue Angaben zur bäuerlichen Abgabenquote zu machen. In denjenigen Fällen, in denen eine Hauptabgabe im Vordergrund steht, gibt es eher Möglichkeiten, der Frage nach der bäuerlichen Gesamtbelastung näherzukommen. Für das Rhein-Mosel-Gebiet ermittelte bereits Lamprecht die Belastung von rund 2200 Bauernhufen; die Abgaben betrugen insgesamt etwa ein Drittel der Getreiderohträge der Bauernbetriebe [166: LAMPRECHT, Wirtschaftsleben 1, 603]. Bei Teilbauverträgen, in denen die Belastung der Hofpächter detailliert verzeichnet wird, lassen sich Höhe und Art bäuerlicher Abgaben am besten erkennen. Getreidebauhöfe wurden oft gegen Halb- oder Drittelbau, d. h. die Hälfte oder ein Drittel des Getreiderohertrags, an bäuerliche Pächter vergeben. Viehhöfe zahlten etwa die Hälfte des jährlichen Milchertrags als Butter- oder Käsezins. Weinbauern mußten bei Teilbauverträgen häufig ebenfalls ein Drittel oder gar die Hälfte der Weinerträge an den Grundherrn abliefern. Auch die Berechnungen von ABEL zu Kosten und Erträgen unterschiedlicher Betriebe und zur Gesamtbilanz von Bauernhöfen machen deutlich, daß die Bauernhöfe in der Regel stark belastet waren und eine hohe Abgabenquote zu erfüllen hatten. Falls ein Drittel der Getreideernte an den Grundherrn zu entrichten war, ging dadurch fast der gesamte Überschuß verloren, den ein mittlerer Bauernhof zu liefern imstande war. Selbst eine Abgabenquote von zwanzig Prozent des Gesamtertrages konnte bei schlechten Bodenverhältnissen und geringer Besitzgröße eine hohe Belastung darstellen. Vielen Bauernhöfen blieb offenbar nach Erfüllung ihrer Abgabenverpflichtung nur das Notwendigste zum Leben.

Höhe der Gesamtbelastung

Gesamtbilanz von Bauernhöfen

Aufgrund der geringen Erträge und der relativ hohen Belastung der Bauernbetriebe lag der Lebensstandard der breiten Masse der bäuerlichen Bevölkerung auch im Spätmittelalter auf einem niedrigen Niveau. Die bäuerliche Alltagskleidung wurde zumeist in den Familien aus Leinen- und Wolltuch selbst hergestellt. Die Bausubstanz vieler Bauernhäuser war von geringem Wert; Strohdächer schützten die Wohnstätten gegen Regen und Schnee, Fachwerkwände aus Holz, Stroh und Lehm umschlossen die Innenräume. Das Mobilar war bescheiden und von den Bauern mit eigener Hand hergestellt: grobgezimmerte Tische mit Bänken für die Mahlzeiten und Truhen zur Aufbewahrung von Wertgegenständen. Bessere Wohneinrichtungen und ein höherer Standard in Kleidung und Nahrung fanden sich höchstens auf den Höfen der bäuerlichen Oberschicht.

Niedriger Lebensstandard

Bäuerliche Hauswirtschaft Die Bauernhöfe des späteren Mittelalters waren noch immer wesentlich von einer relativ autarken Hauswirtschaft geprägt. Nahrungsmittel und Verbrauchsgüter wurden weitgehend aus der eigenen Produktion gedeckt und das Wirtschaftsleben nach Möglichkeit unabhängig von der Außenwelt gestaltet. Der Arbeitsaufwand der Bauernfamilie diente nicht in erster Linie der Erwirtschaftung von Überschüssen, sondern der Sicherung der familiären Subsistenz. Seit dem Hochmittelalter waren die Bauernhöfe zwar stärker mit dem expandierenden Markt verbunden, doch blieb ihr Anteil am Marktgeschehen auch jetzt noch eher gering.

Die Dorfgemeinde des Spätmittelalters Die einzelnen Bauernfamilien fanden im Spätmittelalter ihren festen Rückhalt in der Dorfgenossenschaft. In der Dorfgemeinde bildete die Gemeindeversammlung aller vollberechtigten Gemeindemitglieder das grundlegende Organ der bäuerlichen Selbstverwaltung. Sie trat mindestens einmal jährlich zu unterschiedlichen Terminen zusammen; Versammlungsort war häufig der Kirchhof oder der Anger. Die Gemeindeversammlung hatte die Aufgabe, den Gemeindehaushalt zu überprüfen, die Anbauordnung in der Dorfflur festzusetzen und die Organe der Dorfgemeinde zu wählen.

Dorfvorsteher Leiter der Dorfgemeinde war ein Amtsträger, dessen Bezeichnung von Landschaft zu Landschaft wechselte. In Süddeutschland nannte er sich Schultheiß, Ammann oder Vogt, in den nord- und ostdeutschen Gebieten begegnet er zumeist als Schulze oder Bauermeister; im Mittelrheingebiet und in Thüringen überwog dagegen die Bezeichnung Heimbürge. Der Dorfvorsteher entstammte zwar der Gemeinde, wurde aber in der Regel vom Dorfherrn eingesetzt. Diese Einsetzungspraxis verrät seine besondere Stellung. Er ist Vertrauensperson des Dorfherrn und zugleich Repräsentant der Dorfgemeinde. Zu den Aufgaben des Dorfvorstehers gehört es, die Gemeindeversammlung zu leiten, den Vorsitz im dörflichen Niedergericht einzunehmen und die Gemeinde nach außen zu vertreten.

Organe und Amtsträger der Dorfgemeinde Zu den von der Gemeindeversammlung eingesetzten Organen und Amtsträgern zählte ein Kollegium, das nach der Anzahl seiner Mitglieder benannt wurde und als Vierer, Fünfer usw. auftrat. Zu diesem Gremium gehörten erfahrene Leute, die vielfältige Aufgaben in der Gemeinde erfüllten, Überwachungsfunktionen wahrnahmen oder als Urteiler im Dorfgericht tätig waren. Unter den übrigen Amtsträgern der Dorfgemeinde befanden sich weitere Personen mit unterschiedlichen Bezeichnungen: der Bannwart (Flurschütz) kontrollierte die Flur- und Allmendeordnung, der Forstwart (Förster, Waldschütz) überwachte die Waldflächen, der Büttel erledigte auf

Befehl des Dorfvorstehers Botengänge. Wichtig war auch der Dorfhirte, dem das Weidevieh des Dorfes anvertraut wurde. Zwischen den Dorfgemeinden gab es naturgemäß große Unterschiede in der Anzahl der Amtsträger und im Ausmaß der Selbstverwaltung. Wie sehr die Dorfgemeinde im Laufe des Spätmittelalters erstarkt war, zeigte sich dann im frühen 16. Jahrhundert, als die Dorfgemeinde während des Bauernkrieges von 1525 zu einer Hauptbasis der bäuerlichen Erhebungen wurde.

II. Grundprobleme und Tendenzen der Forschung

1. Agrarhistorische Gesamtdarstellungen

Die Erörterung des Forschungsstandes und wichtiger Probleme der Agrargeschichte hat auszugehen von den vorliegenden Gesamtdarstellungen zur Agrarentwicklung im mittelalterlichen Deutschland. Neben älteren Werken wie dem von G. VON BELOW [28: Geschichte] ist hier vor allem die mehrbändige deutsche Agrargeschichte zu nennen, die seit 1962 erschien und in der sich W. ABEL [20: Landwirtschaft], F. LÜTGE [68: Agrarverfassung] und G. FRANZ [52: Bauernstand] mit den Agrarverhältnissen des Mittelalters beschäftigten. Die in der deutschen Forschung bereits übliche Dreiteilung der Agrargeschichte in eine Geschichte der Agrarwirtschaft, der Agrarverfassung und der sozialen Verhältnisse wurde dabei beibehalten, doch damit ergab sich zugleich das schwierige Problem der Gesamtdarstellung. Die Verselbständigung dieser drei Gebiete der Agrargeschichte führte dazu, daß jeder der drei Autoren seinen Gegenstand relativ breit behandelte und viele Überschneidungen anfielen. Der Mangel an Übereinstimmung zwischen den drei Bänden läßt erkennen, daß es zu keiner vorangehenden Verständigung über die Anlage des Werkes gekommen war und daß es überhaupt an einer Gesamtkonzeption gefehlt hat. Auf diese Weise wird die Agrarentwicklung nicht deutlich genug als ein Teilprozeß der mittelalterlichen Geschichte begriffen; die Wechselbeziehungen zwischen wirtschaftlichen, sozialen und rechtlichen Momenten werden ebenfalls zu wenig offengelegt.

Die fünfbändige deutsche Agrargeschichte

H. Rosenberg hat sich mit der deutschen Agrargeschichte vornehmlich aus der Sicht der neueren Sozialgeschichte auseinandergesetzt und dabei besonders Lütge mit scharfer Kritik bedacht [82: ROSENBERG, Deutsche Agrargeschichte, 118–149, bes. 123 f.]. Agrarische Verfassungsgeschichte bedeutet nach Lütge in erster Linie „Begriffsgeschichte und die Erfassung des Rechtsgehalts der ländlichen Grundordnungen". Die hinter den feudalen Herrschaftsordnungen stehenden politischen Triebkräfte und Verschiebungen in den rea-

Kritik von Rosenberg

len Machtverhältnissen würden nur peripher berührt; das „wechselvolle Verhältnis zwischen der Rechtslage und der Praxis des Alltagslebens" bleibe zudem ungeklärt. Rosenberg forderte daher mit Nachdruck die stärkere Einbeziehung demographischer, sozialer und ökonomischer Faktoren in eine moderne agrarische Verfassungsgeschichte, in deren Mittelpunkt die Dynamik der Sozialverfassung stehen müsse, und entwarf damit die Perspektive für eine sozialgeschichtlich orientierte Agrargeschichte.

Agrargeschichte und Sozialgeschichte

Diese Konzeption berührt sich mit den erkenntnisleitenden Absichten der „Historischen Sozialwissenschaft", wie sie in den siebziger Jahren von Sozialhistorikern wie J. KOCKA und H.-U. WEHLER propagiert wurden. Fragen nach den Ursachen sozialer Ungleichheit und den Eigenarten sozialer Schichtung bestimmten viele sozialhistorische Arbeiten der letzten beiden Jahrzehnte. Für den Bereich der mittelalterlichen Sozialgeschichte im ländlichen Raum ist hier auf Arbeiten von K. BOSL [37: Die familia], L. KUCHENBUCH [117: Bäuerliche Gesellschaft], W. RÖSENER [180: Bauer und Ritter] und E. MÜNCH [171: Bauernschaft] zu verweisen. Andererseits haben die Forderung nach einer integrierenden Sozialgeschichte und die Einflüsse der französischen Mediävistik mit ihren sozialgeschichtlich konzipierten Studien [33: BLOCH, Les caractères; 43: DUBY, L'économie rurale; 41: DOLLINGER, Bauernstand; 51: FOURQUIN, Histoire économique] dazu geführt, daß die Agrargeschichte inzwischen auch Eingang in die allgemeinen Handbücher zum Mittelalter gefunden hat; dadurch wurde sie aus der einseitigen Verbindung mit der Wirtschafts- oder der Verfassungsgeschichte gelöst [137: SCHIEFFER, Grundstruktur]. Von den allgemeinen Werken sind in dieser Hinsicht vor allem die Bücher von J. DHONDT [40: Das frühe Mittelalter] und J. LE GOFF [64: Das Hochmittelalter] zu nennen.

Agrargeschichte und Archäologie

Neue Gesamtdarstellungen zur deutschen Agrargeschichte liegen seit einigen Jahren mit den Arbeiten von F.-W. HENNING [56: Landwirtschaft] und EDITH ENNEN/W. JANSSEN [46: Deutsche Agrargeschichte] vor. Letzteres Werk, eine Gemeinschaftsarbeit einer Historikerin und eines Archäologen, sucht die vielfältigen neuen Ergebnisse der Archäologie für die frühgeschichtliche und mittelalterliche Agrargeschichte auszuwerten; dabei ist allerdings die interdisziplinäre Verknüpfung beider Forschungsbereiche nur partiell gelungen. Die schriftlichen Quellen zur Agrargeschichte des Mittelalters, die infolge ihrer Lückenhaftigkeit viele Fragen offenlassen, bedürfen dringend der Ergänzung durch archäologische

1. Agrarhistorische Gesamtdarstellungen

Sachquellen. Der Archäologe kann anhand der Bodenfunde die materielle Hinterlassenschaft der mittelalterlichen Landwirtschaft gut überblicken und wichtige Aussagen zur Siedlungsstruktur und alltäglichen Lebenswirklichkeit der ländlichen Bevölkerung machen. Die geographische Siedlungskunde und speziell die Agrargeographie haben der Agrargeschichte wertvolle Hilfe bei der Erforschung mittelalterlicher Siedlungsräume, der Typisierung ländlicher Siedlungen und Flurformen sowie bei Fragen zur Genese der Agrarlandschaft geleistet [72: NITZ, Siedlungsforschung]. M. BORN [34: Agrarlandschaft, 4] beschreibt Zielsetzung und Methoden der modernen Agrargeographie dahingehend, daß „an die Stelle überwiegend formaler Betrachtung eine stärkere kausal-funktionale Fragestellung" getreten sei, „die in Wohnplatz- und Flurparzellierungen nicht mehr allein prägende Elemente der Kulturlandschaft, sondern auch das Resultat wirtschaftlicher und sozialer Entwicklungsprozesse sieht". *(Agrargeographie)*

Die Volkskunde hat vor allem bei der Untersuchung landwirtschaftlicher Arbeitsgeräte [29: BENTZIEN, Bauernarbeit] und in der Bauernhausforschung [25: BAUMGARTEN, Bauernhaus] der Agrargeschichte wertvolle Hilfe geleistet. Auch in anderen Bereichen der bäuerlichen Lebenswelt hat die Volkskunde durch die Auswertung von Sachgütern und die Klärung von Verhaltensformen zur Erforschung der bäuerlichen Kultur des Mittelalters beigetragen. *(Agrargeschichte und historische Volkskunde)*

Die Analyse bäuerlicher Widerstandsformen und sozialer Konflikte, die die ältere Forschung lange Zeit vernachlässigte, wurde von der neueren Sozialgeschichte vorangetrieben. Wichtige Beiträge zur Erforschung des bäuerlichen Widerstandes und bäuerlicher Revolten im Mittelalter haben die Forschungen von EPPERLEIN [153: Bauernbedrückung; 104: Herrschaft und Volk; 48: Bäuerlicher Widerstand] und anderen Historikern in der DDR gebracht. Die westdeutsche Forschung hat sich in ihren Studien zum bäuerlichen Widerstand vor allem mit den Bauernrevolten des Spätmittelalters befaßt, die in der Regel im Umfeld der Krise des Spätmittelalters und als Vorläufer des großen Bauernkrieges von 1525 gesehen werden [52: FRANZ, Bauernstand, 132–138; 197: BLICKLE, Aufruhr; 196: BLICKLE, Bäuerliche Erhebungen]. Diese einseitige Konzentration auf die spätmittelalterlichen Bauernerhebungen verstellt den Blick für die Tatsache, daß es Bauernrevolten und bäuerliche Widerstandsaktionen auch vielfach im frühen und hohen Mittelalter gegeben hat [80: RÖSENER, Bauern, 240; 88: SLICHER VAN BATH, History, 189 f.]. *(Erforschung des bäuerlichen Widerstandes)* *(Einseitige Konzentration auf spätmittelalterliche Bauernrevolten)*

2. Frühmittelalter (6.–10. Jahrhundert)

2.1 Landesausbau, Siedlungsverdichtung und Agrarwirtschaft

Problem der Siedlungskontinuität im Frühmittelalter

In den Arbeiten zur frühmittelalterlichen Siedlungsentwicklung wird die Frage der Kontinuität der Siedlungen von der Spätantike zur frühmittelalterlichen Epoche noch immer kontrovers beurteilt. Während in der französischen Forschung zahlreiche Argumente für die Kontinuität vorgebracht werden und umfangreiche Untersuchungen zu einzelnen Orten und Landschaften die fortlaufende Dauer der Besiedlung hervorheben [vgl. die Beiträge von M. ROUCHE und P. PÉRIN in 62: JANSSEN/LOHRMANN, Villa – curtis], überwiegen in der deutschen Forschung die Wortführer der Diskontinuität. Bei der Diskussion dieser Problematik wird aber die Lage der einzelnen untersuchten Orte und der gewählten Siedlungsräume oft zu wenig beachtet.

Notwendigkeit der räumlichen Differenzierung

Für die Geschichte einzelner Orte und ganzer Landschaften im deutschen Siedlungsraum war es nämlich von entscheidender Bedeutung, ob sie auf ehemaligem römischen Reichsboden oder außerhalb dieses Bereichs in der *Germania libera* lagen. In Gebieten mit römischem Kulturerbe ist das Fortleben provinzialrömischer Bevölkerungsteile in der Merowingerzeit deutlich erkennbar, wobei das provinzialrömische Element in den einzelnen Gebieten allerdings verschieden stark war. In Nordgallien überlagerte die dünne Schicht der fränkischen Eroberer die breite romanische Bevölkerungsmasse und wurde von dieser assimiliert; romanische Sprachelemente blieben im moselfränkischen Raum bis in das 10. Jahrhundert lebendig. Die Kontinuität landwirtschaftlicher und gewerblicher Produktionsformen ist besonders im Weinbau, in der Keramikherstellung und in der Glasmacherei nachweisbar.

In der Kontinuitäts-Diskussion scheint es notwendig, für einzelne Teilgebiete oder auch einzelne Orte den Begriff der Kontinuität aufzufächern und verschiedene Formen der Kontinuität zwischen Spätantike und Frühmittelalter zu unterscheiden: erstens die Kontinuität der Bevölkerung an einem Platz oder in einem Gebiet,

Platzkontinuität und Raumkontinuität

zweitens die ununterbrochene Besiedlung eines Platzes bei gleichartiger oder auch wechselnder Bevölkerung und drittens die bloße Platzkonstanz, das wiederholte Aufsuchen eines Platzes nach mehr oder weniger großen Brüchen der Besiedlung. W. JANSSEN forderte daher zu Recht, zwischen einer Platzkontinuität und einer Raumkontinuität zu differenzieren. „Von einer Platzkontinuität zwischen

2. Frühmittelalter

römischen und merowingischen Siedlungskernen kann somit nicht gesprochen werden, wohl aber von einer Raumkontinuität, die auf der Ebene der späteren Gemarkungen die Weiterbenutzung eines Stückes römischer Kulturlandschaft bedeutete" [46: ENNEN/JANSSEN, Agrargeschichte, 114].

Im linksrheinischen Gebiet untersuchte Janssen vergleichend das Verhalten römischer und fränkischer Siedler bei der Inbesitznahme neuer Siedlungsräume. Das Ergebnis dieser komparativen Studie zur Landeserschließung war, daß von einer gleichmäßigen Wiederbesiedlung römisch erschlossener Gebiete in frühmittelalterlicher Zeit keine Rede sein kann; es kam in fränkischer Zeit vielmehr nur zu einer partiellen Wiederbesiedlung, bei der große Landflächen unerschlossen blieben.

Siedlungsentwicklung im Rheinland

Im Raum zwischen Rhein, Elbe und Oder waren am Ende der römischen Kaiserzeit im Zuge der Völkerwanderung weite Gebiete zu menschenleeren Räumen geworden; daher liegen nur für einzelne Orte oder in Kleinräumen deutliche Hinweise für eine Kontinuität der Besiedlung bis in die frühmittelalterliche Epoche vor. So gibt es Landschaften, in denen die frühmittelalterliche Landerschließung in siedlungsleere Räume vorstößt. Im Nordseeküstengebiet tritt nach einer Wüstungsperiode des 4./5. Jahrhunderts im Zeitraum des 7. bis 9. Jahrhunderts eine Neubesiedlung ein, bei der zahlreiche Wurten entstehen [115: JANSSEN, Dorf und Dorfformen, 338 ff.].

Siedlungsentwicklung östlich des Rheins

Die ältere Vorstellung vom germanischen Haufendorf der Landnahmezeit (A. MEITZEN) wurde in neuerer Zeit von der Erkenntnis verdrängt, daß im Frühmittelalter die Kleinsiedlungen vorherrschten. Als Termini für diese kleineren Siedlungsformen wählte man die Bezeichnungen Drubbel, Weiler und Höfegruppe (W. MÜLLER-WILLE u. a.). Diese von den Siedlungsgeographen im Verein mit Siedlungsarchäologen erschlossenen Einsichten in die frühmittelalterliche Siedlungsstruktur wurden von Abel für seine Darstellung der Landwirtschaft des Frühmittelalters ausgewertet. Abel charakterisierte als Typus der frühmittelalterlichen Siedlungsform die lockere Höfegruppe. „Vor unseren Augen steht heute als Frühform des nordwestdeutschen Dorfes eine lockere Gehöftgruppe, vielleicht nur ein Einzelhof, den nicht ein ausgedehnter Feld- und Grasgürtel, sondern ein nur schmaler Innenring umgab, in dem das geringe, in Streifen oder Blöcke gegliederte Getreideland, die Streu- und Winterfutterfläche und der Hofwald versammelt waren, der zur Nah- und Nachtweide diente" [20: ABEL, Landwirtschaft, 19 f.].

Frühmittelalterliche Siedlungsformen

Frühmittelalterliche Agrarwirtschaft nach Abel

Dieses Bild der frühmittelalterlichen Besiedlung korrigierte W.
Korrekturen durch Schlesinger aufgrund neuer Forschungen in dem Sinne, daß es im
Schlesinger Frühmittelalter neben den Einzelsiedlungen auch bereits relativ
große Gruppensiedlungen gegeben habe, die man als Dörfer bezeichnen könne [85: SCHLESINGER, Archäologie, 12]. Die kleineren Orte seien Siedlungen gewesen, die nur wenige Höfe umfaßten und die man am besten mit dem Wort Höfegruppe benennen könne. Der Ausdruck Weiler sollte vermieden werden, da keineswegs gesichert sei, welche Bedeutung das in den frühmittelalterlichen Quellen zu belegende Lehnwort „wilari" eigentlich hatte (Einzelhof oder kleines Dorf als Ausbausiedlung), auch sei beim Weiler die Größenabgrenzung zum Dorf strittig. Der vom Siedlungsgeographen W. MÜLLER-WILLE propagierte Begriff Drubbel sei „ein pseudo-volkstümliches wissenschaftliches Kunstwort", das jeder historischen Begründung entbehre.

Neue Untersuchungen zur Größe und Binnenstruktur des
Untersuchungen frühmittelalterlichen Dorfes nach schriftlichen Quellen legte F.
von Schwind SCHWIND vor [140: Beobachtungen]. Die Auswertung der reichen urkundlichen Überlieferung der Klöster Lorsch, Weißenburg, Fulda, St. Gallen sowie anderer Urkundenbestände ergab neue Einsichten zum Siedlungsgefüge und zur inneren Struktur des Dorfes in der Karolingerzeit. Der Überblick über die untersuchten Siedlungen des 8. und 9. Jahrhunderts im mittel- und süddeutschen Raum läßt erkennen, daß „in fast allen Gegenden Orte mit 20, 30, 40 und mehr Bauernstellen" festzustellen seien, wenn man von einigen jüngeren Ausbaugebieten absehe. Dabei gelte es zu beachten, daß man wegen der Lückenhaftigkeit des Quellenmaterials stets nur Mindestgrößen angeben könne.

Ungeachtet dieser neuen Einsichten zu den Siedlungsformen der Karolingerzeit bleibt die grundlegende Erkenntnis der jüngeren
Genese des Dorfes Siedlungsforschung weiterhin gültig, daß das Haufendorf mit Gewannflur und Flurzwang nicht auf die Landnahmezeit zurückgeht. Das Dorf im eigentlichen Sinne ist erst im Hochmittelalter entstanden, während die frühmittelalterliche Epoche nur verschiedene Ansätze zur Dorfbildung kannte. Dieser Dorfbegriff ist mit bestimmten qualitativen und funktionalen Merkmalen verbunden, zu denen wirtschaftliche, soziale, rechtliche und politische Elemente gehören. Das bloße Nebeneinander mehrerer Gehöfte ergibt nach Bader noch kein Dorf. „Erst wenn die Wohnstätten enger zusammengerückt einen einheitlichen Komplex miteinander in Verbindung stehender, gemeinsame Anlagen – Anger, Brunnen und Weg – benut-

2. Frühmittelalter

zender Bauten darstellen, handelt es sich um ein ‚echtes' Dorf" [22: BADER, Dorf, 21 f.]

Die Untersuchungen von Schwind zu Siedlungen der Karolingerzeit haben Baders Vorstellungen zur Dorfentwicklung in dem Sinne korrigiert, daß in den größeren Gruppensiedlungen jener Epoche bereits über die einzelnen Betriebseinheiten hinausreichende Einrichtungen und Mechanismen für die Regelung gemeinsamer rechtlicher und wirtschaftlicher Probleme vorhanden waren. Die Nutzung von Feld und Allmende, das tägliche Zusammenleben von 20 oder 30 Bauernstellen in einem Siedlungsverband erforderten vielfältige Regelungen zwischen den Betrieben, wozu sich in den Quellen aber nur versteckte Hinweise finden. Ein großer Teil der von Schwind untersuchten Orte waren daher Dörfer im weiteren Sinne, wenn man den strengen Dorfbegriff Baders außer acht läßt.

Ansätze zur Dorfbildung im Frühmittelalter

Ein Kernelement des vollentwickelten Dorfes war im Hoch- und Spätmittelalter die in der Dorfflur betriebene Dreifelderwirtschaft. Seit wann gibt es diese Dreifelderwirtschaft, und in welcher Zeitperiode taucht die mit ihr verwandte Dreizelgenbrachwirtschaft im mitteleuropäischen Raum auf? Die Dreifelderwirtschaft ist entgegen der älteren Lehrmeinung keine seit der frühmittelalterlichen Landnahme bereits existierende Bewirtschaftungsform, sondern im ganzen erst im Zuge der Siedlungsverdichtung und verstärkter Akkerbebauung entstanden. „Sie ist das Ergebnis jahrhundertelanger Bemühungen um Intensivierung bäuerlicher Wirtschaft, die mit der etwa von Tacitus angedeuteten Feldgraswirtschaft nicht mehr auskommen konnte" [22: BADER, Dorf, 46]. Ihre in Mitteleuropa weithin gemeinsamen Formen können nur in einem langsamen Werdeprozeß aufgekommen sein, wobei sich über die Zeit der Entstehung und Ausbreitung nur ungefähre Angaben machen lassen, die von Landschaft zu Landschaft verschieden sind. Die Dreizelgenbrachwirtschaft ist dabei von der Dreifelderwirtschaft zu unterscheiden; zu einer zelgengebundenen Dreifelderwirtschaft schritt man erst, als die Dorfbevölkerung stark angewachsen war und der Ackerboden in der Dorfflur knapp wurde. Man gelangte zu diesem Anbausystem, indem man die Gewanne und Ackerparzellen in Zelgen (Schläge, Großfelder) zusammenfaßte („Verzelgung") und im Fall der Schaffung von drei Zelgen zum System der Dreizelgenwirtschaft überging.

Entstehung der Dreifelderwirtschaft

Zweifellos wurde die Dreifelderwirtschaft in der Folge Wintergetreide, Sommergetreide und Brache in einigen Landschaften Mitteleuropas jedoch schon seit dem 8. Jahrhundert praktiziert. Eine

Dreifelderwirtschaft in der Karolingerzeit

solche Dreifelderfolge wird in einer Urkunde des Klosters St. Gallen von 763 für Südwestdeutschland eindeutig bezeugt: Der frondienstleistende Bauer ist dort zu dreimaligem Pflügen auf dem Salland des Fronhofes mit der Folge Winterfrucht, Sommerfrucht und Brache verpflichet [20: ABEL, Landwirtschaft, 40]. Solche frühen Nachrichten, die auf eine Dreifelderwirtschaft schließen lassen, beziehen sich durchweg auf das Eigenbauland des Grundherrn. Doch darf daraus noch nicht ohne weiteres geschlossen werden, daß sich die Dreifelderwirtschaft im 8. und 9. Jahrhundert allein auf die grundherrlichen Sallandflächen beschränkt habe, da über die Anbauverhältnisse in den Bauerndörfern jener Epoche nicht genügend Informationen vorliegen.

Aufkommen der Dreizelgenwirtschaft

Von der Frage der Fruchtfolge ist im Hinblick auf die Dreifelderwirtschaft die der Flurverfassung zu trennen, da Dreifelderwirtschaft individuelle auf eigenen Ackerflächen oder flurzwanggebunden im Dorfverband betrieben werden konnte. Nach den neuesten Untersuchungen, die von R. HILDEBRANDT zur Genese der Feldsysteme im mitteleuropäischen Raum vom 9. bis zum 11. Jahrhundert durchgeführt wurden, hat sich die vollentwickelte Dreizelgenwirtschaft „erst im Hochmittelalter, das heißt frühestens seit dem 10. Jahrhundert", in Mitteleuropa ausgebildet [112: Historische Feldsysteme, 137]. Die bisher von einigen Historikern im Sinne von Zelgen gedeuteten Begriffe (*zelga, aratura, satio* etc.), die in Urkunden und Urbaren des 8. bis 10. Jahrhunderts überliefert sind, beziehen sich nur auf die Pflug- bzw. Frondienstkategorien Winterfrucht, Sommerfrucht und Brache. Offensichtlich bezeichneten diese Termini damals noch keine topographisch-arealmäßigen Bezirke flurzwanggebundener Nutzung in der Dorfflur.

Kontroverse über die Höhe der Ernteerträge

Die Höhe der Erträge auf den Getreideäckern der Karolingerzeit wurde von den Agrarhistorikern kontrovers beurteilt. G. Duby, der einen niedrigen Stand der frühmittelalterlichen Agrarwirtschaft konstatierte und insbesondere die unproduktiven Anbaumethoden auf den Sallandflächen der Grundherren hervorhob, nahm äußerst niedrige Ertragsquoten auf den Äckern der Karolingerzeit an. Aus den vagen Angaben der *Brevium exempla* (ca. 810) zum Königshof Asnapium (Annapes) errechnete er, daß die Erträge des Getreidebaus dort etwas weniger als das Zweifache der Aussaat betragen hätten: bei Dinkel sei das Verhältnis von Aussaat und Ernteertrag 1:1,8, bei Weizen 1:1,7 und bei Gerste 1:1,6 [43: DUBY, L'économie 1,85]. Gegen die Annahme so niedriger Ertragsziffern sprach sich zu Recht SLICHER VAN BATH aus, der die schlichte Rückgewinnung des

2. Frühmittelalter

Doppelten der Aussaat als Normalfall für unmöglich hielt und die Berechnungen von Duby anzweifelte. Für das Hufenland einer Bauernfamilie errechnete Slicher van Bath einen Mindestertrag von 2,5 und nannte als Vergleichszahlen Angaben aus dem 12. Jahrhundert, wo die Ertragsziffern des Weizens bei 3,0 lagen [21: Agricoltura, 420].

2.2 Probleme der neueren Grundherrschaftsforschung

Die Erforschung der mittelalterlichen Grundherrschaft wurde im 19. und frühen 20. Jahrhundert besonders durch Arbeiten von K. TH. VON INAMA-STERNEGG [60: Wirtschaftsgeschichte], K. LAMPRECHT [166: Wirtschaftsleben], R. KÖTZSCHKE [164: Studien; 59: Wirtschaftsgeschichte] und A. DOPSCH [101: Wirtschaftsentwicklung; 42: Herrschaft] vorangetrieben. Inama-Sternegg und Lamprecht sahen in der allmählichen Konzentration von Grundbesitz in den Händen weniger Grundeigentümer den Ausgangspunkt für die Genese der frühmittelalterlichen Grundherrschaft; die Akkumulation von Grundbesitz führte nach ihrer Auffassung zu einer fortschreitenden sozialen Differenzierung und zur Herrschaft über Land und die darauf ansässigen Personen. Zu den privaten Grundeigentumsrechten seien durch Verleihung und Usurpation wichtige öffentlich-rechtliche Befugnisse hinzugekommen.

Ältere deutsche Grundherrschaftsforschung

Mit diesem Grundherrschaftsbegriff war häufig eine übertriebene Vorstellung von der Bedeutung der Grundherrschaft in der Epoche des Mittelalters verbunden; die Grundherrschaft wurde nicht nur als wichtigste Institution im Agrarbereich, sondern zugleich als Keimzelle für die Städte- und Gewerbeentwicklung angesehen. Hinsichtlich der volkswirtschaftlichen Bedeutung der Grundherrschaft vertrat z. B. INAMA-STERNEGG die Auffassung, daß die großen Grundherren im 8. und 9. Jahrhundert eine „Führungsrolle" im wirtschaftlichen und politischen Leben übernommen hätten [60: Wirtschaftsleben 1, 476]. Gegen eine solche Auffassung und allgemein gegen die sog. hofrechtliche Theorie sprach sich vor allem G. VON BELOW aus [28: Landwirtschaft, 38]. A. DOPSCH, der sich in mehreren Arbeiten ebenfalls mit dem Begriff der Grundherrschaft befaßte, wies eindringlich darauf hin, daß die grundherrliche Gewalt nicht einfach aus dem Grundbesitz abgeleitet werden könne. Grundbesitz habe dem Grundeigentümer nur dann Herrschaftsrechte verliehen, wenn er eine besondere Standesqualität besessen habe. Die öffentlichen Rechte konnten jedenfalls nicht von jedem

Überschätzung der Grundherrschaft

Hofrechtstheorie

Grundeigentümer erworben werden, sondern es mußten bestimmte Standeseigenschaften vorhanden sein. „Der hohe Adel, geistlich wie weltlich, erwarb jene Rechte nicht deshalb, weil er ein großer Grundbesitzer war, sondern vermöge seiner politischen Stellung neben dem König" [42: DOPSCH, Herrschaft, 5].

Grundherrschaftsstudien von Kötzschke

R. Kötzschke befaßte sich ausführlich mit dem Gesamtcharakter der Grundherrschaft und analysierte deren rechtliche, wirtschaftliche und soziale Aspekte. Die Grundherrschaft war nach seiner Auffassung „das bedeutsamste Element frühmittelalterlicher Agrarverfassung" und stellte einige Jahrhunderte lang „die stärkste Macht des ökonomischen und sozialen Lebens" im okzidentalen Raum dar [63: KÖTZSCHKE, Wirtschaftsgeschichte, 221]. Kötzschke unterschied insbesondere zwischen den wirtschaftlichen und den rechtlichen Komponenten der Grundherrschaft. Unter Grundherrschaft in rein rechtlichem Sinne verstand er „einen Komplex von Rechten, die auf der rechtlichen Verfügungsgewalt über Grund und Boden, welche nicht der eigenen Sondernutzung vorbehalten war, beruhten" [ebd. 222].

Neue Auffassung von mittelalterlicher Herrschaft

Die grundlegenden Forschungen von O. Brunner, W. Schlesinger, K. Bosl und anderen zum Wesen mittelalterlicher Herrschaft führten auch zu einem neuen Verständnis der Grundherrschaft. Nicht in der Verfügungsgewalt über Grund und Boden, sondern in einer aus der germanischen Hausherrschaft hervorgegangenen adligen Herrengewalt sah man nun die Basis der Grundherrschaft. Der Adel habe kraft eigenen Rechts eine Herrschaft ausgeübt, die gerichtsherrliche Rechte eingeschlossen habe. Die adlige Herrengewalt enthielt somit Rechte, die nach modernem Rechtsverständnis zwar öffentlich-rechtlicher Natur waren, aber in mittelalterlicher Zeit keiner besonderen Verleihung durch den König bedurften, da sie dem Adel aufgrund eigenen Rechts bereits gehörten.

Notwendigkeit der kritischen Überprüfung

Diese neuen Anschauungen über die Grundherrschaft und allgemein über das Wesen mittelalterlicher Herrschaft fanden in den vergangenen Jahrzehnten schnell allgemeine Verbreitung und wurden zur herrschenden Lehre. Es stellt sich aber die Frage, ob die Ableitung aller Herrschaft aus der Hausherrschaft nicht eine zu große Vereinfachung darstellt. Es scheint zudem notwendig, genauer zu definieren, was unter Herrschaft im konkreten Fall zu verstehen ist und aus welchen Elementen sich Herrschaft zusammensetzt. Die Überprüfung einiger Hauptelemente der neuen Rechtsanschauungen steht demnach noch aus, wozu nicht zuletzt Untersuchungen zu Grundherrschaften beitragen könnten.

Neben den allgemeinen Darstellungen zur Entwicklung der frühmittelalterlichen Grundherrschaft (F. LÜTGE, W. ABEL, TH. SCHIEFFER u. a.) haben sich viele Studien der letzten Jahrzehnte mit den Grundbesitzungen unterschiedlicher Herrschaftsträger (König, Adel, Kirche), mit der Entwicklung in einzelnen Landschaften oder mit Spezialfragen der Agrarverfassung befaßt. Wichtige neue Anstöße und Ergebnisse zur frühmittelalterlichen Grundherrschaft wurden auf drei Colloquien erzielt, die 1980 in Xanten [62: JANSSEN/LOHRMANN, Landwirtschaft], 1983 in Gent [90: VERHULST, Le grand domaine] und 1987 in Göttingen [81: RÖSENER, Strukturen] abgehalten wurden. Anregungen aus der neueren französischen und belgischen Agrargeschichtsforschung (M. BLOCH, F. L. GANSHOF, R. FOSSIER, A. VERHULST u. a.) haben dabei die deutschsprachigen Untersuchungen zur frühmittelalterlichen Grundherrschaft entscheidend beeinflußt und bereichert.

<small>Neue Anstöße der Grundherrschaftsforschung</small>

Durch mehrere neue Editionen frühmittelalterlicher Urbare konnte die Quellenbasis für detaillierte Grundherrschaftsstudien verbessert werden. Hier ist vor allem auf die Edition des Prümer Urbars durch I. SCHWAB [15: Prümer Urbar] und des Polyptychons von St. Bertin durch F. L. GANSHOF [7: Le polyptyque] zu verweisen. Untersuchungen von D. HÄGERMANN [111: Anmerkungen] und Y. MORIMOTO [126: Etat et perspectives] zum Stand und zu den Aufgaben der Urbarforschung haben auf neue Perspektiven und zugleich auf Defizite bei der Erforschung frühmittelalterlicher Güterverzeichnisse aufmerksam gemacht. Hägermann betont, daß die Urbarforschung nicht von einem idealtypisch verwendeten Begriff ‚Grundherrschaft' und ihrer Substrate ausgehen sollte; vielmehr sei es notwendig, sich mit den Realitäten einzelner Wirtschafts- und Herrschaftskomplexe zu beschäftigen.

<small>Neue Urbareditionen</small>

<small>Aufgaben der Urbarforschung</small>

Die Diskussion über die Ursprünge der klassischen Grundherrschaft des Frühmittelalters wurde 1965 durch eine vielbeachtete Hypothese von A. VERHULST entfacht [144: La genèse]. Das „régime domanial classique", das zweigeteilte *(bipartite)* Grundherrschaftssystem, sei demnach ein sowohl räumlich als auch zeitlich beschränktes Phänomen gewesen. In räumlicher Hinsicht sei es vor allem in den zentralen Regionen des Frankenreiches und besonders im Gebiet zwischen Loire und Rhein vertreten gewesen. In diesem Raum sei es aber weder allgemein noch gleichmäßig verbreitet gewesen, wofür Faktoren wie die Konzentration königlichen und kirchlichen Grundbesitzes in bestimmten Gegenden, das Vorhandensein von günstigen Getreideböden und Zusammenhänge mit

<small>Verhulst zur Entstehung der klassischen Grundherrschaft</small>

starker Bevölkerungszunahme, Siedlungsverdichtung und umfassender Rodungstätigkeit ausschlaggebend gewesen seien. In zeitlicher Hinsicht sei die klassische Grundherrschaft mit Villikationsverfassung hauptsächlich eine Schöpfung des Frühmittelalters, die zwar germanische und spätantike Elemente in sich aufgenommen habe, aber keine Kontinuität zum gallorömischen *fundus* besitze. Als hauptsächliche Entstehungszeit habe die Epoche des 7. und 8. Jahrhunderts zu gelten, in der sich die Kernelemente dieses Grundherrschaftssystems – die Fronhöfe mit ihren abhängigen Bauernstellen und den von den Bauern geforderten Frondiensten – herausgebildet hätten.

Diskussion der Hypothese

Die verschiedenen Elemente dieser Hypothese wurden in den nach 1965 vorgelegten Publikationen lebhaft diskutiert. Die Eigenart des zweigeteilten Grundherrschaftssystem als einer räumlich und zeitlich eingegrenzten Erscheinung wurde in mehreren Arbeiten und Rezensionen bejaht; die fehlende Kontinuität zwischen dem spätantiken *fundus* und der frühmittelalterlichen *villa* größtenteils bestätigt. Die Initiativen von Königtum und Kirche beurteilte man jedoch kontrovers: SCHLESINGER bejahte mit Nachdruck die Bedeutung der Aktivitäten des Königs [138: Hufe, 82 ff.], während Kuchenbuch sie viel geringer einschätzte. Nach Kuchenbuch waren die Grundherrschaftsformen im kernfränkischen Raum insgesamt vielfältiger, als dies in den Darlegungen von Verhulst gesagt werde; die Unterschiede seien hauptsächlich durch den sozialen und rechtlichen Status der unterschiedlichen Mansusinhaber bedingt und seien von Landschaft zu Landschaft verschieden, wofür KUCHENBUCH

Kuchenbuch: „Rentenlandschaft"

den Begriff der „Rentenlandschaft" prägte. In seiner grundlegenden Studie zur Prümer Grundherrschaft stellte er dazu fest: „Ein wesentliches Ergebnis dieser Untersuchung ist jedoch, daß man einzelner herrschaftlicher Initiative nur einen begrenzten Spielraum hinsichtlich der Gestaltung der Rentenverhältnisse in den jeweiligen Grundherrschaften und Domänen zuerkennen kann. Die hier nachgewiesenen Umrisse von ‚Rentenlandschaften' widersprechen einer solchen Auffassung" [112: KUCHENBUCH, Bäuerliche Gesellschaft, 244].

Schlesinger: Ausbreitung der Hufe

In seinen Studien zur Entstehung und zur Verbreitung der Hufe im Frankenreich und zur Verbreitung von Hufe und Mansus in ausgewählten Grundherrschaften unterstrich Schlesinger die Rolle des fränkischen Königtums bei der Ausbreitung der Hufe, die zum Kernbereich der klassischen Grundherrschaft gehöre. Er knüpfte dabei an Untersuchungen seines Lehrers Kötzschke an, nach dessen

2. Frühmittelalter

Meinung die Hufe zwar nicht direkt von der Rechtsverwaltung Karls d. Gr. eingeführt worden sei, doch habe die Hufe damals weite Verbreitung gefunden und sich zu einer Norm des bäuerlichen Besitztums entwickelt. Nach Schlesinger sei man den Anregungen bzw. Forderungen Karls teils bereitwillig, teils zögernd gefolgt; selbst im Lorscher oder im Churrätischen Reichsurbar habe sich der beabsichtigte Schematismus nicht völlig durchsetzen können, wie auch in einigen Abschnitten der *Brevium exempla* zu erkennen sei. Nach dem Vorbild großer Klöster wie St. Germain-des-Prés habe Karl die allgemeine Verhufung des königlichen und kirchlichen Grundbesitzes angeordnet [138: SCHLESINGER, Hufe, 63]. Die Hufe sei im Karolingerreich nicht nur die Basis gewesen, von der Abgaben und Dienste an die Grundherren gefordert wurden, sondern auch die Grundeinheit für die allgemeine Steuererhebung.

Die Frage des Handlungsspielraums der Grundherren im Kontext frühmittelalterlicher Rechtsbeziehungen wurde in einer aufschlußreichen Kontroverse zwischen HANNA VOLLRATH [91: Herrschaft] und H.-W. GOETZ [54: Herrschaft] diskutiert. Vollrath vertrat die Meinung, daß das Verhältnis zwischen Grundherren und bäuerlichen Hintersassen sowohl in den Leistungen als auch in der Rechtsprechung streng gewohnheitsrechtlich geregelt gewesen sei und daher keinen Ermessensspielraum zugelassen habe. In der vom Gewohnheitsrecht geprägten Welt der mittelalterlichen Grundherrschaft habe es für Befehl und Gehorsam keinen Raum gegeben und folglich sei das Handeln der Grundherren stark eingeschränkt gewesen.

Handlungsspielraum der Grundherren

Goetz wies in seiner Entgegnung [54: Herrschaft] darauf hin, daß frühmittelalterliche Herrschaft auch in der Gewohnheit wirkte und sich darüber hinaus aus der Gewohnheit entwickeln konnte. Auch innerhalb der gewohnheitsrechtlich geordneten Grundherrschaft sei den Grundherren ein Ermessensspielraum verblieben, da vieles nicht so eng und genau geregelt gewesen sei und die Gewohnheit zudem nur durch die herrschaftliche Zwangsgewalt aufrechterhalten werden konnte. Darüber hinaus aber seien jederzeit Wandlungen der Herrschaftsverhältnisse möglich gewesen, sei es dadurch, daß der Grundherr neue Bestimmungen erließ und einige Leistungen erhöhte, oder sei es durch das Ausscheiden von Hörigen aus der *familia* bzw. durch Neueintritt in die Herrschaft des Grundherrn.

Als A. Verhulst sich 1980 auf dem deutsch-französischen Colloquium in Xanten erneut mit dem Problem der Entstehung und Aus-

Colloquium in Xanten (1980)

breitung der klassischen Grundherrschaft beschäftigte, konnte er eine im ganzen positive Bilanz zur Geltung seiner fünfzehn Jahre zuvor aufgestellten Hypothese vorlegen [145: VERHULST, La diversité]. Im Mittelpunkt der Xantener Tagung stand die agrarhistorische Entwicklung im Kernraum des Frankenreiches, im Gebiet zwischen Loire und Rhein, von der Spätantike bis in das Hochmittelalter. Fragen nach Zahl und Bedeutung verschiedenartiger Höfe, nach Bodenverhältnissen und Siedlungsveränderungen verband man mit Untersuchungen zu unterschiedlichen Bewirtschaftungsformen im Spannungsfeld von Herrenwirtschaft und abhängigen Bauernstellen. Das Problem der Kontinuität zwischen spätantiken Gutshöfen und karolingischen Fronhöfen wurde in interdisziplinärer Zusammenarbeit von Historikern, Archäologen und Siedlungsgeographen gemeinsam angegangen, wobei die Auffassung von einer Diskontinuität zwischen römischem *fundus* und fränkischer *villa* dominierte.

Colloquium in Gent (1983)

Diese Diskussion zu Struktur und Entwicklung der frühmittelalterlichen Grundherrschaft wurde in Gent mit neuen Fragestellungen fortgeführt [90: VERHULST, Le grand domaine]. Im Mittelpunkt dieser Tagung standen Fragen zur Genese des bipartiten Systems und Untersuchungen zu bedeutenden Grundherrschaften im Frankenreich. Hinsichtlich der Quellenlage wurden zahlreiche Probleme der frühmittelalterlichen Urbarforschung erörtert: Inwieweit werden in den Güterverzeichnissen auch die kleinen und mittleren Betriebe erfaßt, die nur in einem lockeren Zusammenhang mit den Villikationen stehen? Dokumentieren die Polyptychen der Karolingerzeit zuverlässig die tatsächlichen Agrarverhältnisse? In welchem Maße dienten die Urbare als Mittel zur Rationalisierung der Grundherrschaftsverwaltung?

Aussagen der formulae zur Grundherrschaftsentwicklung

Neben den Polyptychen und Güterverzeichnissen beleuchten auch die Volksrechte und Urkundenformulare interessante Aspekte der frühen Grundherrschaftsentwicklung. Studien von HÄGERMANN [109: Einige Aspekte] zu den fränkischen *formulae* des 7. und 8. Jahrhunderts ergaben, daß bereits um 600 wesentliche Elemente der frühmittelalterlichen Grundherrschaft klar erkennbar sind und diese dem noch dominierenden Gutsbetrieb konkurrierend gegenübertreten: Abgaben *(agrarium, pascuarium)* und Arbeitsleistungen *(carropera, riga)* sind wichtige Indizien für das Vordringen der zweigeteilten Betriebsgrundherrschaft. Auch läßt die soziale Differenzierung der Manseninhaber erkennen, daß ökonomischer Zwang und die Vorteile der selbständigen, wenn auch abhängigen Bauernwirtschaft schon im 7. Jahrhundert einen nicht unbeträchtlichen Teil der noch freien Bauern zum Eintritt in die Grundherrschaft veranlaßt haben. Außerdem deutet der Vorgang der Casatierung von Sklaven und Freigelassenen darauf hin, daß die Vermischung verschiedener Gruppen zur Hörigenschicht sich anbahnte.

Die Entwicklung der klassischen Grundherrschaft der Karolingerzeit läßt sich auf der Grundlage der intensiven Forschungsbemühungen der vergangenen zwei Jahrzehnte klarer verfolgen, wenngleich viele Fragen weiterhin offen sind [118: KUCHENBUCH, Klostergrundherrschaft, 320–22]. Die Agrarverhältnisse im merowingischen Gallien wurden zunächst von drei Formen bestimmt: gutswirtschaftliche Sklavenbetriebe, Abgabenherrschaft über Kolonen und schließlich freibäuerliche Betriebe, die in bestimmten Zeitabständen zur Steuerleistung herangezogen wurden. Erst seit dem späten 6. Jahrhundert sind in den Quellen vereinzelt Hinweise auf Frondienste vorhanden, die im Sinne eines Betriebssystems interpretierbar sind. Damit ist einer Herleitung des bipartiten Systems aus spätantiken Formen, die bis in das Mittelalter hinein fortlebten, der Boden entzogen. Als Entstehungszeit für die primär frondienstbezogene Grundherrschaft nimmt das 7. Jahrhundert eine entscheidende Stellung ein, da diese Form zu Beginn des 8. Jahrhunderts vollausgebildet in Erscheinung tritt. Die Ausbreitung des klassischen Grundherrschaftssystems im 8. und 9. Jahrhundert verlief weder linear noch konzentrisch, wurde aber von zwei Tendenzen bestimmt: Sie nahmen ihren Ausgang von den zentralen Regionen des Frankenreiches (Pariser Becken, Champagne) und wurden vorangetrieben von Königtum, Kirche und Adel.

Neuere Forschungen zur Grundherrschaft

Das Villikationssystem war aber in den einzelnen Landschaften des Karolingerreiches sehr unterschiedlich verbreitet. In vielen älteren Darstellungen wird die Verbreitung dieses Systems überschätzt, was nicht zuletzt darin seinen Grund hat, daß man die frühmittelalterliche Grundherrschaft mit der Villikationsverfassung gleichsetzte. Das bipartite System war jedoch in der Karolingerzeit nur eine spezifische Organisationsform der Grundherrschaft; es tritt allerdings in den Quellen überproportional hervor. Neben dem Villikationssystem gab es selbst im kernfränkischen Raum den Typus der Zins- und Rentengrundherrschaft mit überwiegenden Natural- und Geldzinsen. Zwischen den beiden Polen der Betriebsgrundherrschaft und der Rentengrundherrschaft gab es vielfältige Misch- und Übergangsformen [106: GANSHOF, Fränkisches Reich, 167]. In mehreren Teilen des Karolingerreiches war auch der Typus der Gutswirt-

Verbreitungsgrad des Villikationssystems

schaft anzutreffen, bei dem die Herrenhöfe allein mit hofeigenen Kräften bewirtschaftet wurden.

Faktoren der Ausbreitung des Villikationssystems

Die Ausbreitung des Villikationssystems war von verschiedenen Faktoren und Bedingungen abhängig, wie vor allem von der Beschaffenheit des Bodens (Getreideböden wirkten fördernd), von der Nähe zum jeweiligen Herrschaftszentrum, vom Erschließungsstand der Landschaft und von der Eigenart des Herrschaftsträgers. Der Übergang zur Betriebsgrundherrschaft erfolgte offenbar häufig in kleinen Schritten: Errichtung von Fronhöfen auf Rodungsland, Ansiedlung von Unfreien auf neuen Hofstellen und Anordnung von Dienstpflichten. Neuschöpfungen wurden ergänzt durch Umbaumaßnahmen, bei denen ältere Güterkomplexe in neugeschaffene Villikationen eingegliedert und schutzsuchende Allodialbauern mit Frondiensten beschwert wurden.

Forschungsaufgaben

Diese revidierten Vorstellungen von der Ausbreitung des Villikationssystems haben zur Folge, daß man die Forschungen stärker auf bestimmte Landschaften und einzelne Grundherrschaften eingrenzen muß, um landschaftsbezogene Besonderheiten und örtliche Unterschiede in der Grundherrschaftsstruktur besser erkennen zu können. Zur Erfassung der verschiedenen Formen ist es notwendig, auf die räumliche Verteilung der Güter und Höfe, ihre wirtschaftliche Ausrichtung und ihre Position in der Grundherrschaftsverwaltung zu achten. Das größenmäßige Verhältnis von Herrenland und bäuerlichem Hufenland und das Ausmaß der Frondienste spielen dabei eine wichtige Rolle [134: RÖSENER, Struktur].

Colloquium in Göttingen (1987)

Die lebhafte Diskussion über Ursprung und Struktur der klassischen Grundherrschaft war lange Zeit auf das Gebiet zwischen Loire und Rhein beschränkt geblieben, während entsprechende Fragestellungen zur Entwicklung der Grundherrschaft in den ostrheinischen Teilen des Frankenreiches weitgehend fehlten. Hauptziel des Göttinger Colloquiums von 1987 war es daher, in einer Vergleichsperspektive mit den westfränkischen Gebieten die Grundherrschaftsentwicklung im ostfränkischen Raum vom 8. bis 10. Jahrhundert zu verfolgen. Die meisten bisherigen Arbeiten zur Grundherrschaft im karolingisch-ottonischen Deutschland führten – bedingt durch ihre Begrenzung auf bestimmte ostrheinische Landschaften sowie auf einzelne Grundherrschaftskomplexe der Kirche oder des Königs – keine Vergleiche mit anderen Regionen des Karolingerreiches durch. Hinsichtlich der neueren Forschungsentwicklung stellt sich vor allem die Frage, inwieweit die klassische Grundherrschaft mit Villikationsverfassung auch in den rechtsrheinischen Gebieten

2. Frühmittelalter

vertreten war und ob diese Anwesenheit die Folge eines zielbewußten Auftretens von König und Kirche war.

Mitte der sechziger Jahre war es in der Geschichtsforschung der DDR bereits zu einer heftigen Kontroverse über die Entstehung der Grundherrschaft und den Prozeß der Feudalisierung in den rechtsrheinischen Teilen des Frankenreiches gekommen. Die Diskussion entzündete sich an einigen Überlegungen, die E. Müller-Mertens zur Genesis der Feudalgesellschaft und zur Entstehung der verschiedenen Grundherrschaftsformen im ostfränkischen Raum vorgetragen hatte. Müller-Mertens war der Meinung, daß patriarchalische Sklaverei und Tributherrschaft während des 8. und 9. Jahrhunderts in den gegenüber dem westfränkischen Raum weniger entwickelten rechtsrheinischen Gebieten noch eine große Rolle gespielt hätten und für die Adelsgüter sogar von entscheidender Bedeutung gewesen seien. „Die mit Hilfe von Hofsklaven in Eigenregie betriebenen Großbauern- und Adelshöfe repräsentierten offenbar einen anderen Typ von Produktionsverhältnissen als die mittelalterlichen Grundherrschaften, welche ihre Arbeits- und Sachleistungen in erster Linie aus zugehörigen und ausgeliehenen Bauernstellen bezogen" [128: MÜLLER-MERTENS, Genesis, 1390]. Für die Feudalisierung und die Ausbreitung der Grundherrschaft seien das Vorbild der Spätantike, der Einfluß des fränkischen Königtums und galloromanische Einrichtungen ausschlaggebend gewesen.

Wenig vorher hatte HANNELORE LEHMANN [119: Bemerkungen] neue Ergebnisse anhand bayerischer Gütertraditionen des 8. und 9. Jahrhunderts vorgelegt, auf die sich Müller-Mertens berufen konnte. Danach hielten sich die Manzipien jener Zeit vorwiegend auf den Gutshöfen des Adels auf. Während das Fiskalland im damaligen Bayern bereits weitgehend aus selbständigen Bauernhufen bestanden habe, hätten die adeligen Grundherren ihre Güter noch in erster Linie mit Hofsklaven *(mancipia)* bewirtschaftet. H.-J. Bartmuß wandte sich mit Nachdruck gegen die Thesen von Müller-Mertens und wies in seiner Argumentation auf die eigenständigen Entwicklungsmomente bei den germanischen Stämmen hin. Seiner Meinung nach überschätzte Müller-Mertens den Einfluß der Spätantike sowie die Ausstrahlungskraft des fränkischen Königtums und der Kirche auf die rechtsrheinischen Gebiete; die Ansiedlung unfreier Hofknechte auf dienstpflichtigen Bauernstellen und die Überführung freier Bauern in die feudale Abhängigkeit hätten des römischen Vorbilds nicht bedurft. Überdies solle man die Bedeutung des Villikationssystems nicht überbewerten, da feudale Herr-

Kontroverse der ostdeutschen Geschichtsforschung

schaftsverhältnisse sich auch ohne diesen besonderen Grundherrschaftstyp ausbilden könnten [98: BARTMUSS, Genesis].

Unabhängig von dieser Kontroverse hatte G. DROEGE [102: Siedlung] 1970 die Auffassung vertreten, die Grundherrschaft mit Frondiensten sei in Sachsen ein typisch fränkisches System gewesen und dort vom fränkischen Königtum und von der Kirche eingeführt worden, wobei die nach Droeges Meinung als gemeinsächsisch anzusehende Abgabengrundherrschaft zurückgedrängt wurde. Die sächsische Form der Grundherrschaft sei so organisiert gewesen, daß bei ihr der persönliche Dienst von hörigen Bauern auf dem Herrenland der Haupthöfe im Prinzip gefehlt habe. Gegen diese Auffassung wandte sich W. Rösener. Er legte dar, daß die eine Gruppe sächsischer Grundherrschaften stärker vom Zins- und Rentensystem geprägt gewesen sei, während eine andere Gruppe ein Netz von Villikationen besessen habe. Auch habe es innerhalb derselben Grundherrschaft sichtbare Unterschiede in den Formen der Güternutzung gegeben. Die Kernbereiche und geschlosseneren Besitzkomplexe wurden in der Regel als Villikationen mit Sallandwirtschaft und bäuerlichen Frondiensten organisiert, während die Außenbesitzungen und Streugüter mehr durch Landvergabe gegen Zinsleistung genutzt wurden [133: RÖSENER, Agrarverfassung].

Beim Göttinger Colloquium über die Strukturen der Grundherrschaft im ostfränkischen Raum standen Forschungsfragen zur Karolingerzeit im Mittelpunkt, doch wurde auch die ottonische Zeit mit einbezogen. Es ging zum einen darum, wichtige Probleme der ostfränkischen Entwicklung vom 8. bis 10. Jahrhundert zu lösen und zwischen Hauptformen der Grundherrschaftsorganisation zu differenzieren; zum anderen wurde gefordert, anhand einzelner Grundherrschaften die konkreten Verhältnisse zu analysieren und miteinander zu vergleichen. Hinsichtlich der Typologie sollte vor allem der unterschiedliche Verbreitungsgrad der Formen bedacht werden. In welchem Maße konnte sich die klassische Grundherrschaft mit Villikationsverfassung während der karolingisch-ottonischen Epoche im ostfränkischen Raum ausdehnen? Gab es erkennbare Unterschiede zwischen links- und rechtsrheinischen Grundherrschaften in bezug auf das Ausmaß der Fronhöfe, die Zahl der den Villikationen angegliederten Bauernhufen und der Menge der landlosen Manzipien? Im Zusammenhang mit der Ausbreitung der Villikationsverfassung sollten die unterschiedliche Rolle der Grundherrschaftsträger, die Rodungsaktivität und der Einfluß der Bodenverhältnisse in Rechnung gestellt werden.

2. Frühmittelalter

Die Grundherrschaft im ostfränkischen Raum ist nach VER-
HULST [146: Grundherrschaftsentwicklung] während des 9. und
10. Jahrhunderts durch einige auffallende Merkmale charakterisiert,
wenn man sie mit der Grundherrschaftsstruktur zwischen Rhein
und Loire vergleicht. Bei den ostfränkischen Fronhöfen fällt auf,
daß ihr Umfang relativ klein ist und daß eine hohe Zahl von Manzipien als Arbeitskräfte eingesetzt wird. Viele dieser Manzipien sind
im 9. Jahrhundert bereits casatiert, d. h. mit einer Bauernstelle ausgestattet, die häufig als *mansus servilis* qualifiziert wird und mit
schweren Arbeitsdiensten belastet ist. In den östlichen Teilen des
karolingischen Reiches sind mit der Vergrößerung von Grundherrschaft und Fronhof sowie der zunehmenden Casatierung der Manzipien im 9. und 10. Jahrhundert Prozesse zu beobachten, die im westfränkischen Raum in der Mitte des 9. Jahrhunderts schon weitgehend abgeschlossen waren. Innerhalb der meisten rechtsrheinischen
Gebiete wiesen die Stände der Bevölkerung eine große Verschieden-
heit auf, die sich besonders im Spektrum unterschiedlicher sozial-
rechtlicher Kategorien offenbart. Diese große Vielfalt der Stände
östlich des Rheins sowie das Übergewicht der Unfreien bilden einen
Kontrast zur Situation in den westlichen Teilen des Frankenreiches.
Dieser Unterschied läßt sich vermutlich damit erklären, daß östlich
des Rheins die Agrargesellschaft sich noch in einem relativ archai-
schen Zustand befand.

Vergleich der west-
fränkischen mit der
ostfränkischen
Grundherrschaft

Die Gesamtbewertung der klassischen Grundherrschaft bleibt
weiterhin kontrovers. War diese Form ein rückständiges Betriebssystem oder aber ein fortschrittlicher Typus, dem bedeutende Leistungen in der frühmittelalterlichen Agrarentwicklung zu verdanken
sind? Hier stehen sich zwei Auffassungen gegenüber: Während z. B.
A. VERHULST den modernen Charakter der klassischen Grundherrschaft hervorhebt [145: La diversité, 141], verweist R. FOSSIER auf
die unproduktiven Züge im karolingischen Fronhofsystem: „La
villa est un gaspillage impuissant, la tenure et le petit alleu sont ren-
tables" [105: Habitat, 131]. Abgewogener ist dagegen die Beurteilung, die sich neuerdings bei H. K. SCHULZE findet: „Im Rahmen
der Grundherrschaften vollzog sich eine Steigerung der Produktivität durch eine Verbesserung der Technik, die Pflege von Spezialkulturen und die Möglichkeit zur Arbeitsteilung. Dem einzelnen Bauern bot die Grundherrschaft ein gewisses Maß an sozialer Sicherheit
durch ein festes System von Verpflichtungen und Rechten" [87:
Grundstrukturen 1, 157].

Bewertung der
klassischen Grund-
herrschaft

Die Bewertung des Villikationssystems hängt eng mit der allge-

Karolingerzeit: Stagnation oder Wachstum? meinen Beurteilung der Karolingerzeit zusammen: Ist das 9. Jahrhundert als eine Epoche der Stagnation oder des Wachstums anzusehen? Während Historiker wie GANSHOF [106: Fränkisches Reich] und VERHULST [145: La diversité, 141] die aufsteigenden Tendenzen der karolingischen Wirtschaft hervorheben, verweisen andere Forscher wie DUBY und FOSSIER [105: Habitat, 131] auf die technischen, wirtschaftlichen und sozialen Stagnationsphänomene dieses Zeitalters.

2.3 Soziale Veränderungen im Frühmittelalter

Untersuchungen zur frühmittelalterlichen Sozialstruktur waren seit langem von Fragen nach der Stellung der *liberi* und dem Charakter der frühmittelalterlichen Freiheit beherrscht. Die Vorstellungen der Rechts- und Wirtschaftshistoriker des 19. Jahrhunderts von der frühmittelalterlichen Sozialverfassung orientierten sich ganz überwiegend an der Theorie von den sog. Gemeinfreien, die eng mit der Lehre von der Markgenossenschaft verknüpft ist. Die Befürworter dieser Lehre waren der Ansicht, daß die germanischen Stämme in ihrem Kern aus einer Gemeinschaft freier Bauern und Krieger bestanden, die über freien Grundbesitz verfügten. Dieses freie Kriegerbauerntum habe auf Markgenossenschaft, Feldgemeinschaft und Gemeineigentum an Grund und Boden beruht, das erst im Laufe der Zeit vom Familien- und Individualeigentum abgelöst worden sei. Nach G. L. VON MAURER [69: Einleitung] siedelten die germanischen Geschlechter und Stämme gemeinsam und bildeten die ursprünglichen „Markgenossenschaften", d. h. „Dörfer mit Feldgemeinschaften", wobei Freiheit und Gleichheit aller Genossen entscheidende Charakteristika darstellten. Diese Markgenossenschaften hätten sich im Laufe des Frühmittelalters durch mehrere Faktoren verändert. Insbesondere habe die sich herausbildende Ungleichheit des Besitztums die Gemeinschaft aufgelöst, während gleichzeitig die Ausdehnung der adeligen Grundherrschaften sich negativ ausgewirkt habe. Diese von Maurer entwickelte Lehre von der Markgenossenschaft wurde von Rechts- und Wirtschaftshistorikern wie O. VON GIERKE, H. BRUNNER und K. TH. VON INAMA-STERNEGG übernommen und weiter ausgebaut.

In den dreißiger Jahren des 20. Jahrhunderts vollzog sich in den verfassungsgeschichtlichen Arbeiten von O. BRUNNER, W. SCHLESINGER und TH. MAYER ein entscheidender Umbruch, der mit der Theorie der Königsfreien eine Abkehr von der alten Theorie der

Theorie von den „Gemeinfreien"

Theorie von den „Markgenossenschaften"

Theorie von den „Königsfreien"

2. Frühmittelalter

Gemeinfreien bewirkte. MAYER und DANNENBAUER, die Protagonisten dieser neuen Lehre, lehnten es ab, die Freien der fränkischen Zeit aus den „Gemeinfreien" der germanischen Stämme abzuleiten. Nach ihrer Ansicht hatte sich innerhalb des Frankenreiches eine neue Schicht von freien Bauern gebildet, die unmittelbar dem König untergeben war und die man am besten als Königsfreie bezeichne. Diese Königsfreien hätten auf Königsland gesessen und seien persönlich frei gewesen, doch seien sie in der Verfügung über ihr Eigen beschränkt und dem König zu Diensten und Abgaben verpflichtet gewesen. Die Königsfreien übernahmen in der Sicht dieser neuen Lehre als Militär- und Rodungssiedler viele Aufgaben, die die ältere Forschung den Gemeinfreien zugesprochen hatte. Als Heermannen des Königs hätten sie den Kern des karolingischen Heeres gebildet: „Sie waren zum Kriegsdienst, zu öffentlichen Diensten, zu Arbeiten für die Instandhaltung von Brücken und Wegen, dann aber auch zu Abgaben verpflichtet; sie wurden vom König durch Verleihung von bäuerlichen Hufen versorgt, die sie aber nicht ohne besondere Genehmigung verlassen oder weitergeben durften" [122: MAYER, Die Königsfreien, 19]. Der soziale Abstieg der Königsfreien habe in der Karolingerzeit damit begonnen, daß das Machtpotential des Königs immer mehr gesunken sei. Ein Teil der Königsfreien wurde dieser Auffassung zufolge an Grundherrschaften verschenkt, ein anderer Teil habe sich selbst an Grundherren kommendiert, um den Belastungen des Militärdienstes zu entgehen.

Obwohl die Theorie der Königsfreien zunächst auf weitgehende Zustimmung stieß, fehlte es bald nicht an Stimmen, die entweder an Einzelaspekten Kritik übten oder diese Lehre insgesamt in Frage stellten. F. Lütge differenzierte zwischen den verschiedenen Freiheitsformen (Volksfreiheit, Königsfreiheit, Rodungsfreiheit) und stellte die Frage, ob die Ansicht wirklich abwegig sei, daß das Heer der Frankenkönige sich zum überwiegenden Teil aus Volksfreien zusammengesetzt habe. Er wies besonders auf die Bedeutung und das Fortleben der Volksfreien hin und war der Überzeugung, „daß die Volksfreien, die in der taciteischen Zeit die Mehrzahl des Volkes ausgemacht hatten, sich über Jahrhunderte hin erhalten" hätten [120: LÜTGE, Problem, 35 f.]. Es könne daher nicht davon gesprochen werden, daß die Gemeinfreien der Karolingerzeit Königsfreie gewesen seien.

Widerspruch gegen die Königsfreientheorie

E. MÜLLER-MERTENS lieferte in seiner Monographie über die Freien der Karolingerzeit [127: Karl der Große] einen Gegenentwurf zur Königsfreientheorie. Die *liberi homines*, mit denen sich die karolingischen Kapitularien der Jahre von 802 bis 830 immer wieder beschäftigten, besaßen nach seiner Meinung ein großes Gewicht für das fränkische Königtum. Für ihn waren die *liberi* weder insgesamt Gemeinfreie im Sinne von Allodbauern, noch waren sie insgesamt Königsfreie im Sinne von freien Siedlern auf Königsland. „Die liberi homines gehörten in verschiedene Klassen und soziale Gruppen. Sie setzten sich zusammen aus Bauern auf Eigengut, aus bäuerlichen Militärkolonisten und grundherrlichen Hintersassen, aus landlosen Armen und aus gehobenen Dienstmannen, aus herrenmäßig oder grundherrlich lebenden Amtsleuten, Benefiziaren und Militärkolonisten sowie mittleren Allodisten und divites mit Allod" [127: Karl der Große, 88].

Auf eine grundsätzliche Ablehnung stieß die Königsfreientheorie bei H. K. Schulze, der die kritischen Äußerungen zur neuen Lehre in einem Resümee zusammenfaßte. Dezidiert stellt er fest, „daß sich in den Quellen eine spezielle Form der rechtsständischen Freiheit, die durch Rodung, Siedlung, Heeresdienst oder Königsdienst erworben wurde, nicht nachweisen läßt. In der primär geburtsständisch gegliederten Gesellschaft des frühen Mittelalters hat es eine solche Freiheit nicht gegeben" [139: SCHULZE, Rodungsfreiheit, 549]. Diese prinzipielle Kritik von Schulze, Müller-Mertens und anderen hat bisher keine überzeugende Replik erhalten, so daß die Lehre von den Königsfreien in wesentlichen Punkten als widerlegt gelten muß. Die Stellung der *liberi* in der frühmittelalterlichen Gesellschaft bleibt aber weiterhin ein schwieriges Problem der Forschung.

Gruppen der unfreien Bevölkerung

Studien zur Sozialstruktur karolingerzeitlicher Grundherrschaften befaßten sich auch mit den verschiedenartigen Schichten der unfreien Bevölkerung. Die Angehörigen einer Grundherrschaft treten seit der Karolingerzeit als eine Gemeinschaft hervor, die in den Quellen häufig als *familia* bezeichnet wird. Die grundherrliche Familia, zu der *liberi, servi, liti* und andere Gruppen unter verschiedenartigen Bezeichnungen gehören, umfaßt die Gesamtheit der Personen, die von einer Grundherrschaft abhängig sind. Zu den Aufgaben der Forschung gehören Untersuchungen zu den verschiedenen Schichten der Familia, zum Anteil freier und unfreier Gruppen, zur sozialen Differenzierung innerhalb der Familia und zum Prozeß der rechtsständischen Angleichung.

Innerhalb der Familia nahmen die freien Hufenbauern längere Zeit eine gewisse Sonderstellung ein, da sie aufgrund ihres freien

2. Frühmittelalter

Rechtsstandes dem König zunächst weiterhin zur Heeres- und Gerichtsfolge verpflichtet blieben. Aus Grundherrschaften wie St. Gallen und Weißenburg gibt es zahlreiche Belege für freie Hintersassen, die mit besonderen Rechten und Pflichten ausgestattet waren. Im Zuge der Intensivierung der grundherrlichen Rechte wurden die freien Grundholden aber immer stärker in die grundherrliche Familia integriert. Entgegen der Ansicht von BOSL [37: Familia] gehören die freien Grundholden auch zur grundherrlichen Familia, worauf SCHULZE [87: Grundstrukturen 1, 142] zu Recht hingewiesen hat.

<small>Sozialstruktur der Familia</small>

Dieser Prozeß der Angleichung der verschiedenen Gruppen und Personen innerhalb der Grundherrschaaft war ein bedeutender sozialer Vorgang im 9. und 10. Jahrhundert; aus den unterschiedlichen Schichten der Familia bildete sich allmählich ein nach außen relativ einheitlicher, in sich aber differenzierter Hörigenverband. Welche Faktoren haben diesen Verschmelzungsprozeß bewirkt, der vor allem die auf selbständigen Bauernstellen angesetzten Unfreien und die in grundherrlicher Abhängigkeit geratenen altfreien Bauern zusammenführte? F. LÜTGE [67: Sozialgeschichte, 68–71], der diesen Vorgang im Hinblick auf die Herausbildung eines einheitlichen Bauernstandes behandelte, sprach von einem „Verbäuerlichungsprozeß" der Unfreien und einem „Vergrundholdungsprozeß" der Freien. Auf der einen Seite konstatiert man ein Aufsteigen der Unfreien, die auf Hofstellen angesiedelt werden; an diesem Verbäuerlichungsprozeß nehmen sowohl die Nachkommen der einstigen Unfreien als auch die Minder- und Unfreien der späteren Zeit teil. Auf der anderen Seite findet ein Vergrundholdungsprozeß statt, bei dem die Mehrzahl der altfreien Bauern in grundherrliche Bindungen gerät und zu einer hörigen Bauernschaft wird. Der Eintritt freier Bauern in die Grundherrschaft erfolgt in der Regel durch die Übernahme von grundherrlichem Land gegen Abgabenverpflichtung, wogegen der Grundherr zu Recht- und Waffenschutz verpflichtet ist.

<small>Angleichungsprozeß innerhalb der Familia</small>

Der von Lütge skizzierte Angleichungsprozeß zwischen angesiedelten Unfreien und ehemals freien Bauern läßt viele Fragen und Probleme offen. Aufgrund welcher Faktoren und in welchen Zeitdimensionen kam es zu einer Annäherung beider Gruppen? Welche wirtschaftlichen, sozialen und politischen Momente waren auf grundherrschaftlicher und genossenschaftlicher Ebene am Angleichungsprozeß beteiligt? Hier sind offenbar verschiedene Interessen, Ziele und Verhaltensweisen miteinander verflochten, die man sorgsam unterscheiden muß. KUCHENBUCH [118: Klostergrundherr-

<small>Faktoren der Angleichung</small>

schaft, 333] nennt mehrere Faktoren, die auf der Seite der Herrschaft an der Annäherung beteiligt waren: die Handhabung von Bitte und Bann, die Entlastung der Salhöfe von Personal- und Sachaufwand, die Ausweitung der Betriebsflächen durch Rodung und die Abschirmung des Gerichtswesens (Immunität). Auf Seite der Bauern waren in erster Linie folgende Faktoren wirksam: die Landvererbungsformen und das Heiratsverhalten, das Abwägen verschiedener Belastungsarten und die strukturellen Wirkungen des Nachbarschaftsverhältnisses.

Ergebnisse des Angleichungsprozesses

Aus den Quellen verschiedener Grundherrschaften lassen sich einige Ergebnisse erkennen, die durch das Zusammenwirken der genannten Faktoren entstanden sind. Die Rechtsstellung der Unfreien verbesserte sich durch Casatierung und Landvergabe, die Verlagerung der Abgabenerhebung von der Person auf den Boden führte zu einer „Radizierung" der Abgaben: Die Verdinglichung der Lasten – sie werden zu Reallasten des Bodens – läßt sich seit dem 9. Jahrhundert beobachten, als ständisch differenzierte Hufen auftauchen. Am Ende des 9. Jahrhunderts mehren sich dann Quellenzeugnisse für verdinglichte Leistungspflichten, die keinerlei Standesbezug mehr aufweisen. Diese wenigen Beobachtungen verdeutlichen, wie schwer der Prozeß der Verschmelzung der verschiedenen Hörigengruppen zur grundherrlichen Bauernschaft zu erfassen ist. Dieser Vorgang verlief nicht nur in zeitlicher, sondern auch in räumlicher Hinsicht in ungleichem Rhythmus: Kernregionen wurden eher davon erfaßt als Randgebiete. Der ostfränkische Raum erlebte den Angleichungsprozeß offenbar später als die westlichen Teile des Frankenreiches; die scharfe Abgrenzung der Stände östlich des Rheins noch im 9. und frühen 10. Jahrhundert und das dortige Übergewicht der Unfreien deuten jedenfalls auf eine langsamere Entwicklung der ostfränkischen Gesellschaft hin [146: VERHULST, Grundherrschaftsentwicklung, 42].

3. Hochmittelalter (11.–13. Jahrhundert)

3.1 Aspekte der agrarwirtschaftlichen Umwälzung im Hochmittelalter

Das Hochmittelalter als Epocheneinschnitt

Die herausragende Stellung des Hochmittelalters in der Geschichte des Mittelalters ist von Historikern wie M. Bloch, G. Duby, H. Pirenne und K. Bosl betont worden. M BLOCH spricht von einer „wirtschaftlichen Revolution", die sich in dem seit dem 11. Jahrhundert einsetzenden „zweiten Feudalzeitalter" vollzogen habe [32: Feudal-

3. Hochmittelalter

gesellschaft, 93], und lieferte damit das Stichwort von der „revolution économique du second âge féodal". Eine ähnliche Einschätzung des Hochmittelalters findet sich bei G. DUBY [43: L'économie, 134], der tiefgreifende Wandlungen in der hochmittelalterlichen Gesellschaft und Wirtschaft konstatiert. H. PIRENNE begründete die Bewertung des 11./12. Jahrhunderts als einer Schwellenzeit vor allem mit der Renaissance des Handels und der städtischen Wirtschaft im frühen Hochmittelalter, wodurch auch der ländliche Raum grundlegend verändert worden sei [75: Sozialgeschichte, 29–88]. K. BOSL [36: Grundlagen, 162] weist allgemein auf die vielfältigen Wandlungsprozesse hin, die sich abspielten; er bezeichnet daher die Zeit vom 11. bis zum frühen 14. Jahrhundert als „Aufbruchsepoche", die die „archaische" Epoche des Frühmittelalters abgelöst habe.

Die Agrarhistoriker W. ABEL und B. H. Slicher van Bath teilten die Epochen vornehmlich unter dem Blickwinkel langfristiger Konjunkturzyklen ein. Das 12./13. Jahrhundert gehört nach Abel zur Aufschwungsepoche des Hochmittelalters, die dann im 14. und 15. Jahrhundert von der Phase der spätmittelalterlichen Agrardepression abgelöst wird [19: Agrarkrisen, 57–103]. Das Aufblühen der Städte habe für den ländlichen Raum eine Zäsur gesetzt, „die das Zeitalter der (relativ) autarken Hauswirtschaft von dem Zeitalter der arbeitsteilig gegliederten Verkehrswirtschaft scheidet" [20: ABEL, Landwirtschaft, 55]. SLICHER VAN BATH setzte den Akzent stärker auf den Handel mit Agrarprodukten und die Installierung einer Marktwirtschaft: In der Mitte des 12. Jahrhunderts sei das Zeitalter der „direct agricultural consumption" von der Epoche der „indirect agricultural consumption" abgelöst worden, die bis zum 19. Jahrhundert andauerte [88: History, 24].

Das Hochmittelalter in der Agrargeschichte

In der Frage nach den Triebkräften der hochmittelalterlichen Aufschwungsphase stehen sich mehrere Meinungen gegenüber. Angesichts der erstaunlichen Zunahme der Bevölkerung im Hochmittelalter und der damit verbundenen Siedlungsverdichtung wurde von verschiedenen Historikern behauptet, daß die Bevölkerungsexpansion der Hauptmotor des hochmittelalterlichen Wirtschaftsaufschwungs gewesen sei. H. AUBIN bezeichnete z. B. den demographischen Faktor als wichtigste Triebkraft; er habe im frühen Hochmittelalter in erster Linie die Wirtschaftsexpansion bewirkt [95: Stufen]. Die Bevölkerungsexpansion war zweifellos ein entscheidender Antriebsfaktor für den Wandel in der hochmittelalterlichen Wirtschaft, doch war sie gekoppelt an eine Erhöhung der Agrarproduktion. Beide Momente, Bevölkerungszunahme und Agrarfortschritt, waren

Die Bevölkerung als Triebkraft der Entwicklung

aufeinander bezogen: Fortschritte in der Agrarwirtschaft stimulierten das Bevölkerungswachstum, während umgekehrt die Bevölkerungszunahme eine Voraussetzung für die Intensivierung des Ackerbaus bildete.

Fortschritte in der Agrarwirtschaft

Die Fortschritte in der hochmittelalterlichen Agrarwirtschaft lassen sich nicht mechanisch aus einem Bevölkerungsdruck oder aus steigenden Agrarpreisen erklären, sie sind vielmehr an Veränderungen in der Agrarverfassung, in der Agrartechnik und im landwirtschaftlichen Betriebssystem gebunden. Hinsichtlich der Bewirtschaftungsformen ist vor allem die Ausbreitung der Dreifelderwirtschaft zu nennen, die zu einer beträchtlichen Steigerung der Bodenerträge führte. Die Erhöhung der Agrarproduktivität stand in einem engen Zusammenhang mit den Fortschritten in der hochmittelalterlichen Agrartechnik. Bessere Arbeitsgeräte und leistungsfähige Anspannungen für Pferd und Rind ermöglichten eine intensivere Bodenbearbeitung und steigerten die Ernteerträge. Die Relevanz der agrartechnischen Neuerungen betonte zu Recht L. WHITE, doch zeigen sich bei ihm Ansätze zu einer Überbewertung dieser Neuerungen und zu einem technischen Determinismus [94: Technik, 42–62]

Der Fernhandel als Antriebsfaktor

H. PIRENNE sah im Fernhandel das wichtigste Antriebsmoment für den Wirtschaftsaufschwung im Hochmittelalter [75: Sozialgeschichte, 19–42]. Nach seiner Meinung war die Schließung der mediterranen Handelswege vom 7. bis 9. Jahrhundert der Hauptgrund für die Rückkehr des Abendlandes zu einer weitgehend agrarisch geprägten Ökonomie. Die Wiedereröffnung des Fernhandels habe dann seit dem 11. Jahrhundert die europäische Wirtschaft neu belebt, Städte und Märkte zur Entfaltung gebracht und die alte Fronhofwirtschaft beendet. Gegen diese These, die den hochmittelalterlichen Wirtschaftsaufschwung auf einen externen Antriebsfaktor zurückführte, wandten sich mit Entschiedenheit marxistische Historiker, indem sie den dynamischen Charakter der feudalen Produktionsweise hervorhoben und auf die internen Antriebskräfte der europäischen Feudalgesellschaft hinwiesen [89: SWEEZY, Feudalismus].

Wechselseitige Beeinflussung verschiedener Faktoren

Eine kritische Bilanz der von den Historikern genannten Faktoren des hochmittelalterlichen Aufschwungs zeigt, daß es letztlich keine sicheren Beweise für die jeweils angeführten Haupttriebkräfte gibt und daß die Ursachenfrage offenbleibt, solange man monokausale Erklärungsmodelle verwendet. Bei dieser Problematik muß deshalb insgesamt auf die wechselseitige Beeinflussung verschiedener Faktoren geachtet werden: Bevölkerungszunahme und Agrarfort-

3. Hochmittelalter

schritt bilden zusammen mit der Neubelebung des Handels die Grundlagen für das Aufblühen der Städte; zwischen diesen verschiedenen Momenten des historischen Prozesses bestand ein wechselseitiges Bezugsverhältnis.

Hinsichtlich der Leistungssteigerungen der hochmittelalterlichen Agrarwirtschaft hat G. DUBY von einer „agrartechnischen Revolution des Mittelalters" gesprochen [43: L'économie, 170–202]; ebenso vertrat L. WHITE die These von einer „landwirtschaftlichen Revolution" [94: Technik, 39]. Es handelt sich aber bei den Verbesserungen der Agrartechnik nicht um spektakuläre Neuerungen, die im Hochmittelalter wirksam wurden, sondern um die vermehrte Anwendung schon länger bekannter Techniken. Die Charakterisierung der Fortschritte als „Agrarrevolution" ist insgesamt durchaus zutreffend, sofern dies nicht zu einer Überschätzung der agrartechnischen Verbesserungen gegenüber den Veränderungen in der Arbeitsorganisation und in anderen Bereichen führt.

Gab es im Hochmittelalter eine agrartechnische Revolution?

In welchem Ausmaße steigerten sich die Ernteerträge vom Früh- zum Hochmittelalter? Vor dem 12. Jahrhundert besitzen wir keine genauen Angaben über die auf den Getreidefeldern erzielten Erträge, und selbst im 12. und 13. Jahrhundert liefern uns die Quellen nur selten Zahlen über Ernteergebnisse. Die Erträge der mittelalterlichen Landwirtschaft waren abhängig von Bodengüte und Klima, von Düngung und Bodenbearbeitung; die Schwankungen im Witterungsablauf der einzelnen Jahre hatten damals einen größeren Einfluß auf die Ernteergebnisse als in späterer Zeit. Für England wurden für das 13. Jahrhundert Ernteergebnisse von 2,4 bis 3,9 bei Weizen und 3,8 bis 4,2 bei Gerste ermittelt [80: RÖSENER, Bauern, 144]. In anderen Gegenden finden sich auch bedeutend höhere Werte zur Flächenproduktivität: Auf einigen Äckern der Abtei St. Denis betrug das Verhältnis von Aussaat und Ernte bei Weizen 1:8, auf einem Klostergut im Artois sogar 1:15 [44: DUBY, Landwirtschaft, 124]. Für Mitteleuropa darf man im allgemeinen eine Steigerung des Bodenertrages von der Karolingerzeit bis zum 13. Jahrhundert von durchschnittlich 1:3 auf etwa 1:5 bis 1:7 annehmen.

Steigerung der Ernteerträge

Die hochmittelalterliche Kolonisation und die unterschiedlichen Formen des Landesausbaus werfen noch immer viele Fragen auf, die nur durch detaillierte Forschungen und durch ein interdisziplinäres Zusammenwirken von Siedlungsgeographen, Archäologen und Historikern gelöst werden können. Eine zusammenfassende Darstellung der Siedlungsgeschichte des hochmittelalterlichen Europa gibt es bisher nicht, wohl aber eine Fülle von siedlungsge-

Probleme der genetischen Siedlungsforschung

schichtlichen Arbeiten zu einzelnen Orten und Landschaften. Verschiedene Probleme der Siedlungsgenese im hochmittelalterlichen Deutschland werden in der Forschungsskizze von M. BORN zur Entwicklung der deutschen Agrarlandschaft behandelt [34: Entwicklung]. Neuere Untersuchungen zur Siedlungsgeschichte finden sich in der Zeitschrift „Siedlungsforschung", die seit 1983 in einem interdisziplinären Verbund von Archäologie, Geschichte und Geographie herausgegeben wird.

Einen wichtigen Beitrag zur Siedlungsgeschichte und zur Differenzierung unterschiedlicher Siedlungsschichten leistet auch die Ortsnamenforschung [61: JÄGER, Entwicklungsprobleme, 44–50]. Die Kartierung von Ortsnamen in historischen Atlanten muß die schwierigen methodischen Probleme bewältigen, die mit der Altersbestimmung von Ortsnamen verbunden sind. Der Landesausbau des 10. bis 13. Jahrhunderts wird besonders durch Ortsnamen mit Endsilben auf -rode, -reuth, -schwend und -hagen markiert; Orte auf -rode liegen häufig wie ein Kranz um ältere Siedlungen herum. Schwieriger ist die Altersbestimmung von Ortsnamen auf -dorf, -hausen, -berg oder -bach; sie markieren einen Zeithorizont, der unterschiedlich weit in das Frühmittelalter hineinreicht. Zur Altersbestimmung der Orte müssen neben der Interpretation der Ortsnamen die Flurverfassung, die Ortslage und die Besitzanordnung in Kombination mit den urkundlichen Quellen berücksichtigt werden [35: BORN, Geographie, 18–27].

Die herrschaftlich gelenkten Rodungsmaßnahmen erfaßten in den Mittelgebirgen in starkem Maße klimatisch benachteiligte Gebiete. Die von adeligen und klösterlichen Grundherren in Mittelgebirgen wie Schwarzwald und Odenwald durchgeführten Rodungen spielten sich seit dem 11. Jahrhundert besonders auf Buntsandsteinböden ab [34: BORN, Entwicklung, 49]. Im Schwarzwald wurden die zunächst vom Adel getragenen Rodungen durch Klöster wie St. Peter, Hirsau und St. Blasien fortgesetzt, wobei auch weniger günstige Gebirgsböden erschlossen wurden. Im nordöstlichen Odenwald begann das Kloster Amorbach seit der Mitte des 11. Jahrhunderts mit der Anlage von Reihendörfern mit Breitstreifenfluren.

Einen hohen Anteil an der Erschließung der norddeutschen Marschgebiete hatten im Hochmittelalter niederländische Kolonisten. Nicht nur an der deutschen Nordseeküste, sondern auch im östlichen Westfalen, im mittleren Wesergebiet und in Thüringen wurde die Kolonisation der Niederungsgebiete seit etwa 1100 stark durch Niederländer (Flamen, Holländer, Friesen) beeinflußt. Sie

3. Hochmittelalter

verfügten über eine große Erfahrung in der Entwässerung von Feuchtgebieten und in der Anlage von Schutzdämmen [176: PETRI, Marschenkolonisation].

Der Anteil bestimmter Orden und Klöster an der hochmittelalterlichen Landerschließung ist umstritten. Die ältere Forschung hat die Verdienste der Zisterzienser um den Landesausbau im altdeutschen Siedlungsraum und besonders in den Ostgebieten überschätzt (F. Winter, A. Hauck u.a.). H. Wiswe, der die Grundlagen der Grangienwirtschaft niedersächsischer Zisterzienserklöster detailliert untersuchte, kam 1953 zu neuen Schlußfolgerungen: die Zisterzienserklöster seien weder in der Einöde gegründet worden („Gründungsmythos"), noch sei ihre Rodungsleistung bemerkenswert [189: WISWE, Grangien]. Jüngere Untersuchungen zeigen aber, daß Wiswe den Anteil der Zisterzienser an der Landerschließung allzusehr minimalisiert hat. Die Zisterzienser, die als Sachverständige bei der Entwässerung von Feuchtgebieten und auch bei der Waldrodung galten, haben in vielen Gegenden sichtbare Spuren im Landesausbau hinterlassen [178: RÖSENER, Wirtschaftstätigkeit, 122]. Im süddeutschen Raum wurden die Anbauflächen mancher Grangien durch Waldrodung, Ödlandkultivierung und Trockenlegung von Sumpfgebieten erweitert [179: RÖSENER, Grangienwirtschaft, 143]. Da Rodungen in den Schriftquellen schwer faßbar sind, wird das Ausmaß zisterziensischer Landkultivierung leicht unterschätzt.

Der Anteil der Zisterzienser an der Landerschließung

Die deutsche Ostsiedlung, die vielfältige Züge in sich vereint: die Ausdehnung politischer Herrschaft, die Ausbreitung christlicher Religion, bäuerliche Siedlungsvorgänge und die Durchsetzung westeuropäischer Rechts- und Verfassungsformen, wird seit einigen Jahrzehnten äußerst kontrovers bewertet. Nach einer Zeit der Glorifizierung deutscher Kolonisationsleistung im Osten durch die nationalsozialistische Geschichtsschreibung wurde die Ostsiedlung besonders von den DDR-Historikern kritisch beurteilt, welche vor allem die Unterdrückung der Slaven hervorhoben. Statt des älteren Begriffs „Ostkolonisation" verlangte die offizielle Geschichtsschreibung der DDR die Bezeichnung „feudale Ostexpansion", um so den gewaltsamen Charakter der Ostsiedlung hervorzuheben und sie aus den Bedingungen der mittelalterlichen feudalen Gesellschaftsordnung zu begreifen. Die westdeutsche Mediävistik hat den Begriff der „deutschen Ostkolonisation", wie er noch 1937 von R. KÖTZSCHKE [165: Geschichte] verwandt wurde, ebenfalls im allgemeinen vermieden und statt dessen die Bezeichnung Ostsiedlung bevorzugt. W. SCHLESINGER, der Herausgeber eines umfangreichen

Problematik der deutschen Ostsiedlung

Sammelbandes zu diesem Thema [184: Ostsiedlung], möchte mit Absicht weder von ostdeutscher Kolonisation noch von deutscher Ostbewegung sprechen, sondern allein von deutscher Ostsiedlung [184: Ostsiedlung, 16]. Auch der französische Mediävist CH. HIGOUNET verwendet den Begriff einer deutschen Ostsiedlung [160: Ostsiedlung].

Ostsiedlung als Phänomen der europäischen Geschichte

In Abkehr von nationaldeutscher Geschichtsbetrachtung verfolgte Schlesinger die Konzeption, die deutsche Ostsiedlung des Mittelalters „als Problem der europäischen Geschichte" zu behandeln und bei den Untersuchungen moderne landesgeschichtliche Methoden zu verwenden. Die deutsche Ostsiedlung gehört nach Schlesinger zur allgemeinen Geschichte des mittelalterlichen Landesausbaus: „Er hat alle Länder Europas ergriffen, aber mit zeitlicher Verschiebung; er kann daher zunächst nur mit regionaler Fragestellung und mit regionalen Methoden erforscht werden, auf dem Wege der geschichtlichen Landesforschung" [184: Ostsiedlung, 30]. Die Forderung, die deutsche Ostsiedlung aus europäischer Perspektive zu behandeln, wird auch in der neuesten Gesamtdarstellung der deutschen Ostsiedlung durch CH. HIGOUNET [160: Ostsiedlung] befolgt, der die deutschen und slawischen Quellen in gleichem Maße berücksichtigt und auf dieser Grundlage eine objektive Darstellung dieser bis in die jüngste Vergangenheit heiß umstrittenen Bewegung vorzulegen versucht. Er analysiert die deutsche Ostsiedlung vornehmlich unter siedlungsgeographischem Aspekt und befaßt sich hauptsächlich mit den Wanderungsbewegungen und Besiedlungsvorgängen in Stadt und Land.

Bevölkerungszahlen zur Ostsiedlung

S. EPPERLEIN hat die Auffassung vertreten, daß die bäuerliche Abwanderung nach Osten in erster Linie eine Folge der Bedrückung durch Grundherren und Vögte im altdeutschen Siedlungsgebiet gewesen sei [153: Bauernbedrückung, 155]. Neuere Berechnungen haben aber ergeben, daß es sich bei den Abwanderern um eine relativ kleine Zahl handelte und daß daher nur von einer ganz normalen Mobilität gesprochen werden kann [184: SCHLESINGER, Ostsiedlung, 24]. Im 12. Jahrhundert wurde die deutsche Ostsiedlungsbewegung jenseits von Elbe und Saale nach W. Kuhn von rund 200 000 Menschen in Gang gesetzt, denen im 13. Jahrhundert nochmals die ungefähr gleiche Zahl folgte; gleichzeitig gaben auch die Neusiedlungsgebiete des 12. Jahrhunderts bereits Bevölkerungsteile nach Osten ab und nahmen somit die Weiterführung des Landesausbaus mehr und mehr in die eigene Hand. Aus den altdeutschen Siedlungsgebieten wanderten pro Jahr nur ungefähr 2000 bis maximal

5000 Personen in die Ostgebiete ab. Diese geringe Abwanderungsquote, die zudem mit der Abwanderung in die neugegründeten Städte konkurrierte, macht verständlich, daß man in den Quellen Altdeutschlands fast überhaupt keine Nachrichten über die Ostsiedlung findet.

Wichtiger als die Frage nach den Ursachen der Abwanderung – sei es, daß man sie in einem Bevölkerungsdruck oder in der Bauernbedrückung sehen will – ist offenbar die Frage nach den Gründen der Zuwanderung: Warum und mit welchen Mitteln wurden die dünnbesiedelten Gebiete östlich von Elbe und Saale im 12. und 13. Jahrhundert erschlossen? Hier stellt sich das Problem der von den Ansiedlern mitgebrachten fortschrittlichen Agrartechnik und Wirtschaftsorganisation, ohne daß man von einem politischen, wirtschaftlichen und kulturellen Vakuum in den Neusiedlungsgebieten auszugehen hat. Über die verschiedenen Elemente der behaupteten agrartechnischen Überlegenheit der Neusiedler (Dreifelderwirtschaft, Hufenverfassung, Pflugtechnik etc.) bedarf es noch weiterer Untersuchungen. *Verhältnisse in den Gebieten der Ostsiedlung*

In den Ostsiedlungsgebieten begegnet uns bereits die bäuerliche Gemeinde als ein Kernelement der ländlichen Sozial- und Rechtsordnung. Dieses Auftreten der Dorfgemeinde in den Kolonisationsgebieten setzt voraus, daß im 12. Jahrhundert die wesentlichen Elemente des Dorfes auch im altdeutschen Siedlungsraum vorhanden waren und Erfahrungen in ländlicher Gemeindeorganisation mit den Siedlern in den Osten gelangten. Dorf und Dorfgemeinde gehen keinesfalls in die Landnahmezeit des Frühmittelalters zurück, wie die ältere Forschung annahm (vgl. oben S. 53 f.). Die neuere Siedlungsforschung hat mit überzeugenden Argumenten nachgewiesen, daß das vollentwickelte Dorf mit Gewannflur und Flurzwang erst im Hochmittelalter entstanden ist. Archäologische und siedlungsgeographische Studien zu den Siedlungsformen des Frühmittelalters (vgl. oben S. 5 f.) haben zusammen mit wirtschaftshistorischen Erkenntnissen wesentlich dazu beigetragen. *Herausbildung des Dorfes im Hochmittelalter*

Die Genese des hochmittelalterlichen Dorfes hängt zusammen mit einer Reihe von grundlegenden Wandlungsprozessen in Siedlungsstruktur, Wirtschaft, Herrschaft und Sozialordnung des Hochmittelalters [80: RÖSENER, Bauern, 58]. Bis zum 11. Jahrhundert sind nach H. Wunder in Altdeutschland lediglich „Elemente bäuerlichen Zusammenhalts" vorhanden, aber „keine bäuerlichen Gemeinden im rechtlichen Sinne". Erst Wandlungen im bäuerlichen Handlungsraum hätten seit dem 11. Jahrhundert die Herausbildung selb- *Faktoren der Dorfbildung im Hochmittelalter* ständiger bäuerlicher Gemeinden ermöglicht [96: WUNDER, Gemeinde, 33]. Die aufschlußreiche Regionalstudie von R. Sablonier zum Wandel ländlicher Gemeinschaftsformen im ostschweizerischen Raum hat gezeigt, daß der Dorfbildungsprozeß gerade im 12. und 13. Jahrhundert ein entscheidendes Stadium durchlief. Bis zum Ende des 13. Jahrhunderts hat sich nach Sablonier in der Ostschweiz das Dorf „generell durchgesetzt, einzelne Elemente sogar schon in institutionalisierter Form" [84: SABLONIER, Dorf, 737].

Der Prozeß der „Verdorfung" vollzog sich im frühen Hochmittelalter unter siedlungsgenetischem Aspekt durch den allmählichen Ausbau der Fluren und die Bildung von Großfeldern, sog. Zelgen, so daß eine Dreizelgenbrachwirtschaft entstehen konnte (s. oben S. 20). Dieser Vorgang der „Verzelgung" ist als ein wichtiges Durchgangsstadium bei der Dorfgenese anzusehen, da durch diese Neuerung die dörfliche Feldgemeinschaft mit Flurzwang aufkam. Die individuelle Fruchtfolge wurde danach untersagt, und man band die Nutzung des Ackerlandes an feste Regeln, die für alle Bauern im Dorf verbindlich waren. Die Ausbreitung der Dreizelgenwirtschaft und die Gewannflurbildung vollzogen sich seit dem Hochmittelalter in den einzelnen Regionen freilich in einem unterschiedlichen Tempo. Am frühesten wurden davon offenbar Landschaften betroffen, die an der expandierenden Agrarkonjunktur, an der Bevölkerungszunahme und an der Verstädterung starken Anteil hatten. Zu diesen Landschaften gehörten z. B. die Oberrheinebene, das Moselgebiet und die fruchtbaren Durchgangsregionen der Mittelgebirge [34: BORN, Entwicklung, 45]. In Südwestdeutschland ist die Verzelgung nach H. JÄNICHEN [113: Beiträge, 162] seit dem 12./13. Jahrhundert sicher nachweisbar.

Wichtige Erkenntnisse zur Struktur und Entwicklung des hochmittelalterlichen Dorfes sind in den vergangenen Jahrzehnten wiederum von der Archäologie ausgegangen. Ausgrabungen von ländlichen Siedlungsplätzen förderten ein reichhaltiges Material zutage, das deutliche Unterschiede zwischen den früh- und hochmittelalterlichen Entwicklungsstufen erkennen läßt [49: FEHRING, Erforschung; 115: JANSSEN, Dorf]. Bei der Ausgrabung der Siedlung Hohenrode am Südharz wurden zwei Siedlungsperioden sichtbar: eine ältere slawische vom 11. bis 12. Jahrhundert und eine jüngere deutsche von 12. bis 14. Jahrhundert. Gruben- und Pfostenhäuser aus Holz gehörten zur älteren Siedlung, während bei der jüngeren die Wohn- und Wirtschaftsgebäude der Bauern auf Steinfundamenten ruhten [115: JANSSEN, Dorf, 301]. Das südlich vom Harz ausgegrabene Königshagen [115: JANSSEN, Dorf, 302] bildete den Typus einer hochmittelalterlichen Rodungssiedlung in einem Waldgebiet. Dreizehn bäuerliche Anwesen und eine kreisrunde Befestigung mit einem Kranz kleiner Häuser um Burgturm und Dorfkirche bildeten die Hauptelemente dieser Siedlung.

Aus diesen und anderen Ausgrabungen hochmittelalterlicher Dörfer ließ sich erkennen, daß die Siedlungsform des mittelalterlichen Dorfes keine über lange Zeit feststehende Größe darstellte; sie veränderte sich vielmehr in stärkerem Maße, als man früher annahm. Die archäologischen Befunde zeigen überdies, daß fast alle Dörfer mehrere Siedlungsperioden umfassen. Nach Ansicht von W. Janssen ist daraus zu folgern, daß nur wenige Siedlungen ununterbrochen bestanden haben: „Viele von ihnen zeigen tiefe Brüche und Einschnitte der Siedlungsentwicklung, die sich entweder als aufeinanderfolgende archäologische Schichten oder sogar in Form von gänzlich neuen Bebauungsplänen niederschlagen" [115: JANSSEN: Dorf, 345].

Wandel der Siedlungsform des Dorfes

3.2 Die Auflösung der Villikationsverfassung und die Entstehung neuer Formen der Landvergabe

Der Wandel der Grundherrschaft im Hochmittelalter und die Auflösung des Villikationssystems werden in der Forschung kontrovers beurteilt. In seinem Grundriß zur deutschen Agrargeschichte hob G. VON BELOW die große Bedeutung des hochmittelalterlichen Strukturwandels der Grundherrschaft hervor: Die Auflösung der Villikationsverfassung war nach seiner Meinung nächst der Ostsiedlung „das größte Ereignis der deutschen Agrargeschichte des hohen Mittelalters" [28: Geschichte, 80]. Völlig anderer Meinung war A. Dopsch, der 1939 mit großer Entschiedenheit behauptete, es habe im 12. Jahrhundert keinen grundlegenden Wandel in der Wirtschaftsorganisation des Grundbesitzes gegeben; von einer „Umwälzung im Wirtschaftsbetriebe" könne jedenfalls keine Rede sein [42: DOPSCH, Herrschaft, 135].

Beurteilung des Strukturwandels der Grundherrschaft

Den besonderen Stellenwert des Zerfalls der Villikationsverfassung betonte dagegen erneut Ph. Dollinger 1949 in seinem grundlegenden Werk über die Entwicklung der bäuerlichen Bevölkerungsschichten im hochmittelalterlichen Bayern: „Im Laufe des 12. Jahrhunderts wird die Villikationsverfassung, die drei Jahrhunderte lang überwiegend die Organisationsform der grundherrschaftlichen Wirtschaft darstellte, in Bayern wie im übrigen Deutschland von einer neuen Organisationsform abgelöst, die man Zinshofverfassung nennen kann. Es vollzieht sich dabei eine regelrechte wirtschaftliche Revolution" [41: DOLLINGER, Bauernstand, 121]. Das Hauptmerkmal dieser Revolution bestehe in der Tatsache, daß der Grundherr das System der Eigenwirtschaft aufgebe und das Salland mehr oder weniger vollständig verschwinde.

„Wirtschaftliche Revolution" nach Dollinger

Bei einer Abwägung dieser gegensätzlichen Urteile zum Wandel der Grundherrschaft ist aufgrund der neueren Forschungen daran festzuhalten, daß durch den Zerfall des Villikationssystems im Hochmittelalter ein tiefgreifender Wandel stattgefunden hat. Mag auch die Charakterisierung dieses Vorgangs durch Dollinger als Wirtschaftsrevolution („une véritable révolution économique") übertrieben sein, so läßt sich doch die grundlegende Bedeutung dieser Veränderung der Grundherrschaft mit ihren vielfältigen Folgen für Wirtschaft und Gesellschaft nicht leugnen. Das Urteil von Dopsch schießt weit über das Ziel hinaus; es ist bestimmt von einer allzu schroffen Distanzierung von der älteren deutschen Forschung.

Bedeutung des hochmittelalterlichen Strukturwandels

Hinsichtlich der Ursachen der Auflösung des Villikationssystems wurden die Akzente unterschiedlich gesetzt. Ein schwerwiegender Grund, der auf eine allmähliche Auflösung hinwirkte, war offenbar die Tatsache, daß das Villikationssystem relativ kompliziert war; es erforderte einen umfangreichen Verwaltungsapparat, um die Wirtschaftsführung der Fronhöfe zu überwachen und einer Veruntreuung der Erträge zu begegnen. Die Abkehr vom System der Fronhofwirtschaft mit seiner strengen Überwachung bäuerlicher Fronarbeit und der Übergang zu einem Grundherrschaftssystem mit überwiegenden Natural- und Geldabgaben konnten die hohen Verwaltungskosten der Grundherren beträchtlich vermindern. In ihren Reflexionen über den Niedergang der klassischen Grundherrschaft haben D. C. NORTH und R. P. THOMAS diesen Aspekt überzeugend dargelegt [174: The Rise]. Parallel zur Intensivierung der Marktbeziehungen, zur Vermehrung der Städte und zur Verstärkung der Rechtssicherheit reduzierten sich im frühen Hochmittelalter die „transaction costs".

Ursachen der Auflösung des Villikationssystems

Hoher Verwaltungsaufwand beim Fronhofsystem

Die Organisationsprobleme der alten Grundherrschaft wurden im 11. und 12. Jahrhundert zu einem beträchtlichen Teil auch von den Selbständigkeitsbestrebungen der Fronhofsverwalter verursacht. Die Schwierigkeiten mit den Emanzipationsversuchen der Meier und sonstigen Fronhofsleiter wurden von vielen Forschern pointiert hervorgehoben und mit Beispielen belegt, wie das Aufbegehren der Meier in der Grundherrschaft der Abtei St. Gallen. G.

Selbständigkeitsbestrebungen der Fronhofsleiter

3. Hochmittelalter

von Below hat mit Nachdruck darauf hingewiesen, daß die Meier vielerorts ihre Verwaltungsämter in erbliche Lehen umwandeln wollten. Als Lehensinhaber der Meierämter hätten sie in der Regel die wirtschaftlichen Erträge der Villikationen den Grundherren nicht mehr zur Verfügung gestellt, da sie sich als Ritter betrachteten, die vasallitische Lehnspflichten erfüllten. „Auf diese Weise sind viele Villikationen, Fronhöfe mit zugehörigen Bauernhöfen, den großen Grundherrschaften entfremdet worden" [28: BELOW, Landwirtschaft, 67]. Ähnlich wie G. von Below haben auch F. LÜTGE [68: Agrarverfassung, 83] und F.-W. HENNING [56: Landwirtschaft, 93] das Aufstiegsstreben der Fronhofsverwalter als einen der Hauptgründe für den Zerfall des Villikationssystems benannt. Es stellt sich jedoch die Frage, ob dieses Moment tatsächlich eine solch überragende Bedeutung im Auflösungsprozeß besitzt.

Die wachsende Abneigung der Bauern gegen die Ableistung von Frondiensten war offenbar ein weiterer Grund für den Zerfall des alten Systems und die damit verbundene Reduzierung der grundherrlichen Eigenwirtschaft. A. DOPSCH hat zu Recht dieses Moment hervorgehoben und den bäuerlichen Widerstand gegen die Frondienstleistung sogar als Hauptursache für die Abkehr von der Fronhofwirtschaft benannt [42: Herrschaft, 126]. Die Ablösung der Dreitagefron durch Geldzahlungen wird 1117 im elsässischen Kloster Maursmünster ausdrücklich mit der Abneigung der Bauern gegen die Frondienste begründet: die Frondienste seien nachlässig und schlecht, ja widerwillig ausgeführt worden [42: DOPSCH, Herrschaft, 126]. Abgesehen von diesem elsässischen Beispiel gibt es im übrigen freilich nur wenige schriftliche Zeugnisse über den bäuerlichen Widerstand gegen die Frondienstleistung. Die direkten Nachrichten über die bäuerliche Abneigung gegen Frondienste müssen daher durch Berichte über das wachsende Selbstbewußtsein der Bauern und über ihre Rolle bei der Festsetzung neuer vertraglicher Regelungen in einzelnen Grundherrschaften ergänzt werden.

Abneigung der Bauern gegen Frondienste

Über den zeitlichen und regionalen Verlauf der Auflösung der Villikationsverfassung bestehen noch immer große Unsicherheiten und Divergenzen. Die grundlegenden Arbeiten von CH.-E. PERRIN [175: Recherches] zur Entwicklung in Lothringen und in dessen Nachbarräumen haben deutlich gemacht, daß der Auflösungsprozeß am frühesten in den westlichen Reichsgebieten einsetzte und hier bereits im 11. und 12. Jahrhundert tiefgreifende Wandlungen hervorrief. Im benachbarten südwestdeutschen Raum fand dieser Prozeß vor allem im 12. und 13. Jahrhundert statt, wobei unter-

Verlauf der Auflösung der Villikationsverfassung

Lothringen

schiedliche Formen und Zeitabläufe zu beobachten sind [181: RÖSE-
NER, Auflösung, 10]. Bei den Grundbesitzungen der alten Abteien
und Reichskirchen zerfiel die Villikationsverfassung vornehmlich
im Laufe des 12. Jahrhunderts, während dieser Wandlungsprozeß
bei den benediktinischen Reformklöstern später einsetzte und hier
in der Mitte des 13. Jahrhunderts seinen Höhepunkt erreichte. Das
Teilbaurecht bildete bei vielen südwestdeutschen Meierhöfen ein
Durchgangsstadium im Übergang zum spätmittelalterlichen Rentensystem, wobei zu Anfang des 14. Jahrhunderts noch etliche Bezüge
zur alten Villikationsverfassung vorhanden waren.

Südwestdeutschland (margin)

Im südostdeutschen Raum wurden die älteren Forschungen
von A. DOPSCH [42: Herrschaft] durch grundlegende neue Untersuchungen von PH. DOLLINGER überholt. Das bereits 1949 in französi-
scher Sprache erschienene Werk Dollingers wurde 1982 in einer
deutschen Übersetzung herausgegeben [41: Bauernstand]; dies deutet bereits an, daß die wesentlichen Aussagen dieses Buches auch
heute noch gültig sind. Die bayerischen Villikationen lösten sich
nach Dollinger im 12. Jahrhundert auf und machten einer Agrarordnung Platz, die man als Zinshofverfassung bezeichnen kann und bei
der die Grundherrschaften zu Ämtern zusammengefaßt waren.

Südostdeutscher Raum (margin)

Der Auflösungsprozeß der Villikationsverfassung im nordwestdeutschen Raum wurde von W. WITTICH in einer Studie untersucht,
die 1896 erschien [95: Grundherrschaft]. Demnach wurden die Villikationen im nordwestdeutschen Raum seit dem 13. Jahrhundert radikal aufgelöst. Zuerst trennte man die Herrenhöfe von den Hufen
der Hintersassen (Laten) und verpachtete sie zu Meierrecht an die
alten Fronhofverwalter; daraufhin wurden die Inhaber der Latenhufen freigelassen und jeweils drei bis vier der nunmehr frei gewordenen Latenhufen zusammengelegt und als neue Betriebseinheiten
ebenfalls zu Meierrecht verliehen. Die Thesen Wittichs, die jahr-
zehntelang Anerkennung fanden, wurden in jüngerer Zeit durch Arbeiten von W. ACHILLES [149: Entstehung], M. LAST [167: Villikatio-
nen] und anderen grundsätzlich in Frage gestellt. Die Quellen, mit
denen Wittich seine These von der Freilassung der Hintersassen beweisen wollte, stammen fast ausschließlich aus Zisterzienserklöstern
und sind mit der für diese Klöster eigentümlichen Wirtschaftsverfassung verbunden, so daß sich seine These von der generellen Frei-
gabe der Laten mit derartigen Zeugnissen nicht beweisen läßt. Die
Behauptung von der Kumulation der Latenhufen zu neuen Meierhöfen konnte für die Zeit vor der Mitte des 14. Jahrhunderts ebenfalls nicht verifiziert werden.

Auflösungsprozeß in Nordwestdeutschland (margin)

Die Darlegungen, die F. LÜTGE [68: Agrarverfassung, 87–89] und EDITH ENNEN [46: Agrargeschichte, 175] in ihren Überblicksdarstellungen zur Auflösung der Villikationsverfassung in Nordwestdeutschland präsentieren, fußen im wesentlichen auf den Forschungen von Wittich; sie sind somit in ihren Hauptpunkten überholt und lassen eine quellenmäßige Untermauerung vermissen. Zuverlässige neue Untersuchungen zum tatsächlichen Verlauf des Grundherrschaftswandels im nordwestdeutschen Bereich sind bisher noch nicht vorgelegt worden und bilden ein Desiderat der Forschung.

Im Rheinland setzte der Wandel der Grundherrschaft offenbar bereits im 11. Jahrhundert ein. Beeinflußt durch die Agrarentwicklung im benachbarten niederländischen Raum, lösten sich die niederrheinischen Fronhofverbände schon frühzeitig auf und wichen vor allem im Umkreis der Städte einer Agrarverfassung mit vorherrschenden Zeitpachtverhältnissen. Der Umbruch in der rheinischen Agrarwirtschaft vollzog sich nach den jüngsten Studien von CH. REINECKE [237: Agrarkonjunktur] in mehreren Etappen. Frühe Auflösungserscheinungen traten auf den weit entfernten, meist verstreuten Besitzungen der geistlichen Grundherren auf. Daneben ist gleichzeitig ein verstärktes Bemühen der Grundherren erkennbar, den Besitz neu zu organisieren. Mit dem Begriff der „Auflösung" läßt sich daher die allmähliche Um- und Neugestaltung der rheinischen Besitzstrukturen beschreiben, in deren Zusammenhang auch die Transformation zum Pachtsystem stand.

Grundherrschaftswandel im Rheinland

Zum Wandel der Grundherrschaft in anderen altdeutschen Landschaften liegen insgesamt nur wenige neuere Untersuchungen vor. Arbeiten zur Besitzentwicklung einzelner Grundherrschaften wie Prüm [158: HÄGERMANN, Grundherrschaft] oder St. Gallen [182: RÖSENER, Strukturwandel] sowie Untersuchungen zu größeren Landschaften wie Westfalen [183: RÖSENER, Grundherrschaft] oder Niedersachsen [167: LAST, Villikationen] bilden wichtige Bausteine zu einem neuen Bild der hochmittelalterlichen Agrarverfassung.

Forschungsaufgaben zum Grundherrschaftswandel

Gegen die Ansichten älterer Wirtschaftshistoriker wie K. Lamprecht und K. Th. von Inama-Sternegg – sie hatten größtenteils von einer völligen Aufgabe der grundherrlichen Eigenwirtschaft während der hochmittelalterlichen Umbruchsphase gesprochen – wandte sich, wie bereits erwähnt, A. DOPSCH [42: Herrschaft, 163]. Die von Dopsch angeführten Beispiele für Beibehaltung oder Ausdehnung grundherrlicher Eigenwirtschaft stammen aber zum Teil wiederum aus dem Umkreis von Zisterzienserklöstern, die auch in

Keine Aufgabe der grundherrlichen Eigenwirtschaft

diesem Zusammenhang wegen ihrer andersartigen Wirtschaftsorganisation nicht als Beweise für den von Dopsch gemeinten generellen Sachverhalt taugen. Jüngere Untersuchungen haben jedoch bestätigt, daß die Grundherren auch nach der Abkehr vom Villikationssystem weiterhin einige Höfe auf eigene Rechnung bebaut haben [232: PATZE, Grundherrschaft].

Wirtschaftsentwicklung bei den Zisterzienserklöstern

Die Wirtschaftsverfassung der Zisterzienserklöster, die sich vom Grundherrschaftssystem der alten Benediktinerabteien deutlich unterschied, war nach Meinung der älteren Forschung fast ausschließlich von eigenbewirtschafteten Grangien geprägt. Zu dieser Auffassung war man nicht zuletzt deswegen gekommen, weil man bei der Behandlung der zisterziensischen Wirtschaftsverfassung in erster Linie die Wirtschaftsnormen des Ordens konsultierte, statt die Wirtschaftspraxis einzelner Zisterzienserklöster zu analysieren. Die Wirtschaftsprinzipien des Ordens, die in den frühen Statutensammlungen und in den Beschlüssen des alljährlich tagenden Generalkapitels aller Äbte niedergelegt waren, verlangten von den Neugründungen den Aufbau einer auf dem Grangiensystem beruhenden Eigenwirtschaft. Die neueren Untersuchungen zur Grundbesitzorganisation der Zisterzienserklöster ergaben jedoch, daß eine ausschließliche Eigenwirtschaft nur bei wenigen Klöstern und fast nur in der Frühzeit vorhanden war [189: WISWE, Grangien; 178: RÖSENER, Wirtschaftstätigkeit]. Die meisten deutschen Zisterzienserklöster besaßen im 12. und 13. Jahrhundert ein gemischtes Wirtschaftssystem: Neben den eigenbebauten Grangien verfügten sie außerdem über umfangreiche, von abhängigen Bauern bewirtschaftete Zinsgüter.

Rolle der zisterziensischen Stadthöfe

Eine zentrale Stellung im Wirtschaftsleben der Zisterzienserklöster nahmen die Stadthöfe ein, deren Bedeutung in einigen jüngeren Untersuchungen herausgearbeitet wurde [185: SCHNEIDER, Stadthöfe; 179: RÖSENER, Grangienwirtschaft]. Die wichtigste Aufgabe der Stadthöfe war, agrarische Produkte und Überschüsse abzusetzen; sie wurden in den Stadthöfen gelagert und dann auf den städtischen Märkten verkauft. Außer dieser Marktfunktion erfüllten die Stadthöfe auch wichtige Aufgaben als Stützpunkte und Absteigequartiere der Klöster und als Verwaltungszentren für klösterliche Besitzungen in den Städten und deren Umland. Bedeutende Zisterzienserklöster verfügten über etwa 10 bis 15 Stadthöfe in den Städten ihrer näheren und weiteren Umgebung. Die Einschätzung der Bedeutung der Stadthöfe und allgemein des Umfangs der Grundbesitzungen einzelner Abteien wird ermöglicht durch die reichhaltige urkundliche und urbariale Überlieferung der Zisterzienserklöster. Neue Editionen von Urbaren und Güterverzeichnissen der Klöster Tennenbach [16: WEBER, Güterbuch], Zinna [14: RIBBE, Landbuch] und Eberbach [12: MEYER ZU ERMGASSEN, Oculus Memorie] haben eine gute Grundlage für die Erforschung zisterziensischer Klostergüter geschaffen.

Die Gesamteinschätzung des hochmittelalterlichen Strukturwandels der Grundherrschaft und seiner Auswirkungen auf die ländliche Bevölkerung fällt je nach Standort, Untersuchungsrichtung und regionaler Ausgangslage unterschiedlich aus. Die erkennbare Lockerung der Bindungen zwischen Grundherren und Bauern ist von der marxistischen Forschung als hochmittelalterliche „Bauernbefreiung" und „Ablösung der ersten Leibeigenschaft" charakterisiert worden. Nach H. Mottek war es neben der Besserung des Besitzrechtes und der Fixierung der bäuerlichen Leistungen vor allem die weitgehende Ablösung der Frondienste, die zur „Auflösung der ersten Leibeigenschaft" entscheidend beigetragen habe [71: MOTTEK, Wirtschaftsgeschichte, 128]. Dies sei eine große Errungenschaft der Bauern im 12. und 13. Jahrhundert gewesen, die eine Parallele zu den gleichzeitigen Erfolgen der Städter bilde. Schon H. Pirenne hatte dagegen mit Nachdruck darauf hingewiesen, daß ungeachtet der zahlreichen Freilassungen und bäuerlichen Erleichterungen des Hochmittelalters von einer Aufhebung der bäuerlichen Abhängigkeit keine Rede sein könne, obwohl sie damals viel von ihrer ursprünglichen Strenge verloren habe.

Zweifellos verlor die frühmittelalterliche Unfreiheit, die die Person des Unfreien der vollen Verfügungsgewalt des Herrn ausgeliefert hatte, im 12. und 13. Jahrhundert an Boden, und der Rechtsstand des Bauern trat gegenüber den sachlichen Formen seiner Verpflichtungen zurück, so daß sich häufig nur noch anhand der Höhe und Art der Leistungen etwas über den ursprünglichen Rechtsstatus von Bauerngruppen aussagen läßt. Die Verpflichtungen gegenüber dem Leibherrn bestanden weiterhin in der Zahlung von Abgaben wie Kopfzins, Heiratsgebühr und Sterbfall. Trotz aller Wandlungen blieb die Grundherrschaft auch nach dem Zerfall des Villikationssystems eine Macht, die das bäuerliche Leben stark beeinflußte. „Nirgends verschwindet die Grundherrschaft, aber überall vermindert sie ihre Gewalt über die Menschheit; auch von ihrem patriarchalischen Charakter bleibt nicht mehr viel übrig" [75: PIRENNE, Sozialgeschichte, 85].

Gesamteinschätzung des hochmittelalterlichen Strukturwandels

Verbesserung der bäuerlichen Lage

3.3 Freibauern, Gemeindebildung und bäuerlicher Widerstand

Bäuerliche Freiheit als Forschungsproblem

Über Herkunft, Rolle und Verbreitung der freien Bauern in der Gesellschaft des Hochmittelalters ist es bereits seit längerer Zeit zu Kontroversen gekommen. Hinsichtlich der hochmittelalterlichen Bauernfreiheit standen sich in der Forschung zwei Grundansichten gegenüber. Auf der einen Seite wurde die Freiheit der Bauern als ein absoluter Wert verstanden; Freiheit war danach nicht zu irgendeinem Zeitpunkt verliehen worden, sondern ursprünglich vorhanden und hatte Staat und Gesellschaft des Mittelalters wesentlich geformt [93: WERNLI, Bauernfreiheit; 177: RENNEFAHRT, Freiheit]. Die andere Seite sah in der Bauernfreiheit keine eindeutige und durchgehend feststehende Größe, sondern eine relative Erscheinung, die durch die sich wandelnden Verhältnisse in der mittelalterlichen Gesellschaft bestimmt wurde [169: MAYER, Bemerkungen; 151: BADER, Bauernrecht]. Die jüngere verfassungsgeschichtliche Forschung, die letztere Ansicht größtenteils vertrat, unterschied demnach zwei Gruppen von Bauern: Einerseits die Altfreien, die ihren freien Rechtsstatus seit alters aufgrund ihrer freien Abstammung besaßen, und andererseits diejenigen Freien, die ihre Freiheit zu irgendeinem Zeitpunkt neu erworben hatten.

Altfreie Bauern im Hochmittelalter

Im allgemeinen herrscht darin Übereinstimmung, daß infolge der Ausbreitung der Grundherrschaft die Mehrzahl der freien Bauern seit der Karolingerzeit in die Hörigkeit der weltlichen und geistlichen Grundherren geraten ist. In der Regel verschwanden die Freien aber nicht spurlos, sondern behielten noch längere Zeit gewisse Sonderrechte. Zu Anfang des Hochmittelalters gab es jedenfalls nur noch Restgruppen altfreier Bauern, die sich besonders in einigen Landschaften konzentrierten. Im Zuge des hochmittelalterlichen Landesausbaus und der Rodungsaktivitäten kam es dann zur Bildung neuer Freibauerngruppen, die in vielen Ausbaugebieten erscheinen.

Gruppen von freien Bauern

Hinsichtlich dieser freien Rodungsbauern des Hochmittelalters – auf die Problematik von Rodungsfreiheit und Königsfreiheit in der Epoche des Frühmittelalters wurde oben (vgl. S. 68 ff.) bereits eingegangen – stellt sich die Frage, inwieweit der Begriff ‚Rodungsfreiheit' berechtigt ist.

Siedlungen von Freibauern im Hochmittelalter

Aus dem 12. und 13. Jahrhundert besitzen wir zahlreiche Zeugnisse über Siedlungen von Freibauern im gesamten mitteleuropäischen Raum. In Norddeutschland begegnen uns Rodungssiedlungen holländisch-flämischer Bauern sowohl in den Flußmarschen der unteren Weser und Elbe als auch in den Ausbaugebieten östlich des Harzes [176: PETRI, Entstehung]. Im Gebiet von oberer Weser und Leine stößt man auf viele Neusiedlungen nach Hagenrecht, die sich von dort weiter nach Osten ausbreiteten [150: ASCH, Grundherrschaft].

Am Landesausbau im südwestdeutschen Raum waren nach Ansicht von TH. MAYER [169: Bemerkungen] und K. S. BADER [153: Bauernrecht, 67] ebenfalls Freibauern in größerem Umfange beteiligt. Aber die hochmittelalterliche Landerschließung erfolgte hier, wie Bader hervorhob, in der Regel nicht durch freibäuerliche Genossenschaften, sondern durch von herrschaftlicher Seite angesetzte Siedler. Das Mittel der freien Erbleihe gab den Grund- und Landesherren die Möglichkeit, die eigentliche Rodungsarbeit durch selbständige bäuerliche Kräfte verrichten zu lassen.

Zu den „Freiheiten", mit denen viele Neusiedlungen und ihre Bewohner ausgestattet wurden, gehörten vor allem ein erbliches Besitzrecht ohne grundherrliche Bindung alter Art. Die Bauern empfingen danach ihr Land zu freier Erbleihe, genossen eine persönliche Freizügigkeit und brauchten von ihrem Nachlaß keine Sterbfallgebühr zu entrichten. Im Hinblick auf die Dorfverfassung wurde den meisten Neugründungen eine günstige Gemeinde- und Gerichtsordnung gewährt; sie erhielten großzügige Selbstverwaltungsrechte und durften ihre eigenen Richter und Gemeindebeamte wählen. Dieses Bündel an Freiheiten machte den Kern dessen aus, was zum Wesen der Freibauernrechte des Hochmittelalters gehörte.

Inhalt der Freiheitsprivilegien

Grundsätzliche Bedenken gegen den Begriff der „Rodungsfreiheit" und gegen die Ansichten von Mayer, Bader und anderen zu den freien Rodungsbauern brachte vor allem SCHULZE [139: Rodungsfreiheit] vor. Die Formel „Rodung macht frei" habe sich zwar seit einigen Jahrzehnten zum Allgemeingut der deutschen Forschung entwickelt, doch stehe die quellenmäßige Begründung dieses Satzes auf schwachen Füßen. Die Beobachtung, daß es in Rodungsgebieten Freie gebe, sei kein Beweis dafür, daß diese ihre Freiheit der Rodungstätigkeit verdankten. An den Rodungsvorgängen seien nämlich sowohl Freie als auch Unfreie beteiligt gewesen, und Zeugnisse über eine Veränderung ihres persönlichen Rechtsstandes seien nicht vorhanden. „Es ist vielmehr festzustellen, daß Rodungs- und Siedlungstätigkeit den persönlichen Rechtsstand der daran Beteiligten nicht veränderten, sondern nur die Möglichkeit zur Erlangung wirtschaftlicher Vorteile und eines besseren Besitzrechtes boten" [139: SCHULZE, Rodungsfreiheit, 545].

Diese kritischen Bemerkungen zur Rodungsfreiheit und zu den

Freibauern des Hochmittelalters können jedoch nicht überzeugen, da sie sich an einem zu starren Begriff von Freiheit ausrichten, die Abstufungen der Freiheitsrechte unterschätzen und die Veränderungen im Rechts- und Wirtschaftsleben des Hochmittelalters zu wenig berücksichtigen. Obwohl der Begriff der Rodungsfreiheit in den Quellen nicht auftaucht, wird mit diesem Terminus zu Recht auf die besondere Freiheitsstellung der Kolonisten in vielen Rodungsgebieten hingewiesen. Zwischen Rodung und bäuerlicher Freiheit bestand im Hochmittelalter in zahlreichen Kolonistendörfern ein erkennbarer Zusammenhang; aber nur dort, wo den Neusiedlern eine Sonderstellung und gute Besitzrechte verliehen wurden, kann man zutreffend von Rodungsfreiheit sprechen. In mehreren Fällen lassen sich auch urkundliche Zeugnisse für hochmittelalterliche Rodungsfreiheit vorlegen. In einigen Siedlungen der nordwestdeutschen Marschenkolonisation werden z. B. diejenigen Hörigen, die an der Landerschließung teilnehmen, zwar nicht förmlich freigelassen, aber es bildet sich allmählich eine gleichberechtigte Gemeinschaft von freien und unfreien Kolonisten. Dies führt später nachweislich dazu, daß eine neue Schicht freier, nur dem Landesherrn verpflichteter Bauern entsteht [213: HOFMEISTER, Besiedlung 2, 93 ff.].

Zeugnisse für Rodungsfreiheit

Angesichts der Bedeutung des Dorfes im bäuerlichen Alltagsleben des Hochmittelalters gehören Fragen zur Genese und Entwicklung der Dorfgemeinde seit langem zu den Hauptthemen der ländlichen Sozial- und Verfassungsgeschichte. Aufgrund der verschiedenartigen rechtlichen und politischen Verhältnisse weisen weder die Ursprünge noch die Formen der Dorfgemeinde im mitteleuropäischen Raum einen einheitlichen Charakter auf, so daß es sich als äußerst schwierig erweist, generelle Aussagen zur Gestalt und Entwicklung der Dorfgemeinde zu machen.

Die Genese der Dorfgemeinde als Forschungsproblem

A. Dopsch führte die Dorfgemeinde in erster Linie auf die *familia*, die Hofgenossenschaft der alten Grundherrschaft zurück. „Sie ist die Keimzelle für die Bildung der Dorfgemeinde geworden. Vor allem dort, wo das Dorf zur Gänze einem Grundherrn gehörte. Da war es ganz natürlich, daß die Bewohner desselben eben durch die familia des betreffenden Grundherrn gebildet wurden" [42: DOPSCH, Herrschaft, 109]. Die Hofgenossenschaft, die sich schon früh als Wirtschafts- und Rechtsgenossenschaft entwickelt habe, sei besonders dafür geeignet gewesen, innerhalb der sich bildenden Dorfgemeinde ihre schon zuvor im Bereich der Fronhöfe geübten Rechte wahrzunehmen.

F. Steinbach hingegen sah die Grundlage der ländlichen Gemeindebildung in der Gerichtsgemeinde, die einen Prozeß der Dezentralisierung durchlaufen habe. „Die Landgemeinden sind durch Abspaltung der kommunalen Selbstverwaltung von der Zuständigkeit der Gerichtsgemeinden entstanden, entweder im gleichen Bezirk oder durch Bildung kommunaler Untergliederungen der Gerichtsgemeinden" [187: STEINBACH, Ursprung, 285]. Die ländliche Gerichtsgemeinde des Hochmittelalters habe zudem unter dem starken Einfluß der allgemeinen Freiheitsbewegung gestanden, die auch die kommunale Selbstverwaltung in den Städten befruchtet habe.

Grundlegende Forschungen zur Genese und Struktur der Dorfgemeinde legte dann vor allem K. S. Bader vor, der sich in seinen Untersuchungen besonders mit der Dorfentwicklung im südwestdeutschen Raum befaßte. In der Auseinandersetzung mit den Thesen von Dopsch wies er darauf hin, daß die grundherrliche *familia* zwar in einigen Fällen die Keimzelle der späteren Dorfgemeinde darstellte, aber in denjenigen Dörfern, in denen mehrere Grundherren begütert gewesen seien, hätten die Verbindungen zum alten Fronhofverband keine große Bedeutung gehabt. Gegenüber Steinbach bemängelte Bader, daß sich dessen Untersuchungen vorwiegend auf rheinische Landschaften erstreckten, die keine Räume typischer Dorfsiedlung darstellten; für Südwestdeutschland hätten Anlehnungen an ältere Gerichtsbezirke keine größere Rolle gespielt [23: BADER, Dorfgenossenschaft, 88–92]. Wurde die Vogtei auf den Dorfbereich bezogen, entstand jene Dorfherrschaft, die auf Zwing und Bann aufbaute. Diese zur örtlichen Gerichtsherrschaft gewordene Vogtei konnte eine über der Hofgenossenschaft stehende dörfliche Gerichtsgemeinde hervorbringen, die wirksamer als die vornehmlich mit der Marknutzung befaßte Hofgenossenschaft an der Gestaltung des Gemeindelebens beteiligt war. Nachbarliche, hofrechtliche und gerichtsherrliche Elemente verbanden nach Bader die im Dorf wohnenden Personen zur Dorfgemeinde.

Die Genese der Dorfgemeinde nach Bader

Die von Steinbach akzentuierte Problematik des Verhältnisses der Gerichtsgemeinde zur Landgemeinde wurde von M. NIKOLAY-PANTER [173: Entstehung] in ihrer Arbeit zum Moselraum erneut behandelt. Sie scheidet streng zwischen der Zenderei als unterstem lokalen Friedensverband für den Bereich der Hochgerichtsbarkeit und dem vielfach auf der Basis von grundherrlichen Hofgerichten entstandenen Banngericht, das sich in den meisten Fällen auf ein Dorf bezog. Neben der Zenderei nennt sie drei weitere Faktoren für die Herausbildung des Gemeindegebietes: die Banngerichte, das nachbarliche Zusammenleben im Dorf und die Erweiterung der

Landgemeinde im Moselraum

Nutzungsräume; Steinbachs einseitige Fixierung auf die Gerichtsgemeinde wird dadurch korrigiert.

Verschiedene Ursprünge der Dorfgemeinde

Die kontroversen Meinungen über die Entstehung der Dorfgemeinde lassen insgesamt erkennen, daß die mittelalterliche Dorfgemeinde sich nicht aus einer einzigen Wurzel herleiten läßt. Bei allen Untersuchungen sollten die vielfältigen regionalen Unterschiede sowie die verschiedenartigen rechtlichen, wirtschaftlichen und sozialen Voraussetzungen beachtet werden. Man muß dabei vor allem zwischen Altsiedelräumen und Ausbaugebieten differenzieren, da sie unterschiedliche Gemeindeformen hervorbringen.

Gemäß den neuesten Untersuchungen von H. Wunder zur Gemeindebildung treten die bäuerlichen Gemeinden in Deutschland erst seit dem 12. Jahrhundert auf; in der Zeit davor seien nur einzelne Elemente bäuerlichen Zusammenhalts sichtbar [96: WUNDER, Gemeinde, 33–37]. Unter den Faktoren, die für die Gemeindebildung von besonderem Gewicht waren, nennt sie zu Recht den Übergang vom Fronhofsystem zur Rentengrundherrschaft. Ferner weist sie auf das Einwirken der städtischen Entwicklung hin, die eine soziale Vorbildfunktion für die Bauern besessen habe.

Forschungsdefizite zeigen sich hauptsächlich bei der Frage nach der Entstehung der Dorfgemeinde: Wann und unter welchen Bedingungen sind im frühen Hochmittelalter bäuerliche Gemeinden entstanden? Warum treten selbständige bäuerliche Gemeinden zuerst vornehmlich an der Peripherie und nicht im Zentrum des Reiches auf? Zu den Randgebieten zählen nicht nur die ostdeutschen Markenzonen, sondern auch die Grenzräume in Lothringen mit ihren „befreiten" Dörfern. Bei den Untersuchungen muß der orts- und landesgeschichtliche Zusammenhang der einzelnen Gemeindeformen zwar genügend zur Geltung kommen, doch dürfen die Unterschiede zwischen den Regionaltypen auch nicht überbetont werden.

Einseitigkeit der bisherigen Forschungen zu Bauernaufständen

Studien zu mittelalterlichen Bauernaufständen und Formen bäuerlichen Widerstands konzentrierten sich in der bisherigen Forschung auf die Zeit des 14. und 15. Jahrhunderts. Diese Beobachtung gilt insbesondere für die westdeutsche Geschichtsforschung, die sich bevorzugt mit den Bauernrevolten des Spätmittelalters befaßte. Diese Beschränkung auf die spätmittelalterliche Epoche und insbesondere auf das 15. Jahrhundert hängt unverkennbar mit der einseitigen Ausrichtung auf den Bauernkrieg von 1525 zusammen, der schon seit dem 19. Jahrhundert im Mittelpunkt des historischen Interesses stand. In dieser verkürzten Sicht wurden die Bauernauf-

3. Hochmittelalter

stände des 14. und 15. Jahrhunderts in der Regel zu Vorläufern des Bauernkrieges von 1525 erklärt, wie z. B. bei G. FRANZ [52: Bauernstand, 133–138]. Auch P. Blickle, der die neueste Gesamtdarstellung zum großen Bauernkrieg vorlegte, bewegte sich in diesem traditionellen Rahmen, als er behauptete: „Europa sah sich im Spätmittelalter einem Phänomen konfrontiert, das es bis dahin in der abendländischen Geschichte nicht gegeben hatte – der Bauernrebellion" [196: BLICKLE, Erhebungen, 208]. In seinem Forschungsbericht zu den bäuerlichen Revolten im Alten Reich hat P. BIERBRAUER [194: Revolten, 1] ebenfalls behauptet, daß sich erst seit dem Spätmittelalter mit dem Auftreten bäuerlicher Aufstände eine neue, in ihrer Bedrohlichkeit für die herrschende Sozialordnung vorher unbekannte Form gesellschaftlicher Auseinandersetzung zeige. In diesem Zusammenhang muß aber an die Aussage von M. Bloch erinnert werden, daß agrarische Revolten so untrennbar mit der mittelalterlichen Grundherrschaft verbunden waren wie der Streik mit den modernen Industriebetrieben [33: BLOCH, Les caractères, 175].

Die marxistische Forschung hat sich bisher am intensivsten mit dem bäuerlichen Widerstand im Hochmittelalter beschäftigt. S. EPPERLEIN [153: Bauernbedrückung] untersuchte anhand der Urkunden geistlicher Grundherrschaften Nordwestdeutschlands die bäuerlichen Widerstandsformen im 12. und 13. Jahrhundert. Er konnte nachweisen, daß sich besonders im 13. Jahrhundert die ländliche Bevölkerung immer wieder den Versuchen der Grundherren widersetzte, die Feudallasten zu erhöhen. Die Termine für die Zinszahlung wurden nicht beachtet, Dienste und Abgaben unregelmäßig geleistet oder gar verweigert; zuweilen lehnten sich die Bauern auch offen gegen ihre Grundherren auf. Die nachlässige Erfüllung feudaler Verpflichtungen und die Abwanderung der Bauern in die Städte und in die Rodungsgebiete waren nach Epperlein Hauptformen des bäuerlichen Widerstandes gegen feudale Bedrückung.

W. EGGERT [103: Rebelliones] befaßte sich besonders mit dem bäuerlichen Widerstand im frühen Hochmittelalter und wählte dazu das Beispiel der sächsischen Erhebung gegen Heinrich IV. in den Jahren 1073 bis 1075. Dieser Sachsenaufstand wurde im marxistischen Sinne als „bewaffneter Klassenkampf" gesehen – eine sicherlich einseitige Interpretation. Konzeptionelle Überlegungen zum bäuerlichen Widerstand finden sich bei E. MÜNCH [172: Agrarverfassung]: er forderte eine intensivere Analyse bäuerlicher Widerstandsformen des 11. bis 13. Jahrhunderts im Kontext der damaligen Agrarverfassung und Klassenstruktur. An der bürgerlichen Ge-

Marxistische Forschungen zum bäuerlichen Widerstand

schichtsforschung bemängelte er eine zu starke Betonung legitimierter Formen bäuerlichen Widerstands, eine Überschätzung bäuerlicher Mitspracherechte und die Annahme einer prinzipiellen Zustimmung der Bauern zu den Feudalverhältnissen. In streng marxistischen Bahnen bewegte sich auch die Abhandlung der russischen Historikerin E. V. GUTNOWA [157: Hauptetappen] über Grundzüge des „Kampfes der westeuropäischen Bauernschaft gegen die Feudalordnung in der Periode des vollentfalteten Feudalismus".

In der westeuropäischen Forschung wurden die Bauernrevolten und bäuerlichen Widerstandsformen des Hochmittelalters bisher stark vernachlässigt. SLICHER VAN BATH geht in seiner westeuropäischen Agrargeschichte [82: Agrarian History, 189] kurz auf die Bauernrevolten des Hochmittelalters ein und weist besonders auf die Bauernaufstände in Drente, Westfriesland, Ostfriesland und im Stedingerland hin. Ein zusammenfassender Bericht zu den agrarischen Konflikten des frühen und hohen Mittelalters findet sich bei HILTON [57: Bond Men, 63–95]. RÖSENER [80: Bauern, 246–251] gibt einen Überblick über die wichtigsten Bauernrevolten des 11. bis 13. Jahrhunderts und erörtert einige grundsätzliche Fragen zu den bäuerlichen Widerstandsformen des Hochmittelalters. Mit dem spektakulären Aufstand der Stedinger Bauern im frühen 13. Jahrhundert befaßt sich KÖHN [163: Teilnehmer].

Bilanz der westeuropäischen Forschung

Überblickt man den bäuerlichen Widerstand des Hochmittelalters als Ganzes, so registriert man vielfältige Formen bäuerlichen Protestverhaltens. Sie reichen von einfachen Formen wie Abgabenverweigerung und Verbotsübertretung über Fluchtbewegungen zu kollektiven Gewaltaktionen und langjährigen Kriegen. Zu größeren Erhebungen waren die Bauern offenbar nur dann in der Lage, wenn sie sich auf gut organisierte Gemeinden stützen konnten. Für die künftige Forschung stellt sich die Aufgabe, klarer zwischen den verschiedenen Erscheinungsformen bäuerlichen Widerstands zu differenzieren und besonders die alltäglichen Formen zu analysieren. Aber auch die größeren Bauernrevolten des Hochmittelalters bedürfen noch dringend der weiteren Erforschung. Die Verbreiterung der Quellengrundlage kann der Forschung neue Impulse und Perspektiven eröffnen. Neben der urkundlichen und chronikalischen Überlieferung sollten Weistümer, literarische Quellen, Heiligenviten und Bildzeugnisse stärker ausgewertet werden [48: EPPERLEIN, Bäuerlicher Widerstand, 327].

Breites Spektrum des bäuerlichen Widerstandes im Hochmittelalter

4. Spätmittelalter (14. und 15. Jahrhundert)

4.1 Wüstungen und Agrarkrise

Die lebhafte Diskussion über die spätmittelalterliche Agrarkrise, bei der die Wüstungen eine zentrale Rolle spielen, hat starke Impulse auf die Wüstungsforschung ausgeübt. Eine Folge dieser Diskussion ist auch die Tatsache, daß die Wüstungsforschung sich lange Zeit auf die abgegangenen Orte des Spätmittelalters konzentriert hat. Die Anfänge der Wüstungsforschung gehen zwar bereits auf einige landesgeschichtliche Untersuchungen des 19. Jahrhunderts zurück, doch verbreitete die historische und siedlungsgeographische Forschung erst seit dem frühen 20. Jahrhundert ihre methodische Basis zur Untersuchung von Entsiedlungsvorgängen. Erforschung der Wüstungen

Die geographische Forschung befaßte sich, beeinflußt durch die starke Ausrichtung der Geschichtswissenschaft auf spätmittelalterliche Wüstungsvorgänge, schon frühzeitig mit diesen Wüstungen. Mit einem Schema, das zwischen Orts- und Flurwüstungen unterschied, wurde der Wüstungsbegriff zunächst auf ländliche Siedlungen eingeengt. Das Ausmaß der Entsiedlung versuchte man mit dem sog. Wüstungsquotienten auszudrücken [200: BORN, Wüstungsschema und Wüstungsquotient]. Erst seit der systematischen Vermessung wüster Ackerlandflächen und der Erkundung von Flurrelikten wie Stufenrainen, Wölbäckern und Blockwällen [246: SCHARLAU, Ergebnisse, 52] wandte sich die Aufmerksamkeit der Forschung in stärkerem Maße auch den Flurwüstungen zu. Entwicklung der geographischen Wüstungsforschung

H. Pohlendt stellte 1950 die aus allen Teilen Deutschlands stammenden Arbeiten zusammen und entwarf eine Karte zur regionalen Verbreitung der Wüstungen [234: POHLENDT, Verbreitung, 68]. Aus dieser Kartierung ging hervor, daß die Häufigkeit von Wüstungen in den einzelnen Regionen sehr verschieden war. Gleichzeitig zeigten sich noch zahlreiche regionale Forschungslücken. Auch wurde deutlich, daß die methodischen Gesichtspunkte bei der Bearbeitung einzelner Wüstungen sehr verschieden waren, so daß die Vergleichbarkeit der Ergebnisse auf erhebliche Schwierigkeiten stieß. Kartierung der spätmittelalterlichen Wüstungen

In methodischer Hinsicht waren vor allem die Forschungen von K. Scharlau von Bedeutung, da sie den Wüstungsbegriff genauer faßten und ein Schema entwickelten, das einerseits willkürliche Einengungen des Wüstungsbegriffes überwinden und andererseits in Übereinstimmung mit der Überlieferung den Blick beson- Wüstungsschema von Scharlau ders auf die bis dahin nahezu völlig vernachlässigten Wüstungserscheinungen der Wirtschaftsflächen lenken sollte. So kam es zur Unterscheidung von Orts- und Flurwüstung, von partieller und totaler Wüstung [246: SCHARLAU, Ergebnisse, 50]. Wurde so der starre Wüstungsbegriff durch ein differenziertes Begriffsschema ersetzt, das die Etappen des Wüstungsprozesses eindeutiger faßte, so übertrug sich die damit angebahnte Dynamik der Betrachtungsweise auch auf die gesamte Wüstungsforschung. Man erkannte immer mehr, daß die Wüstungsphänomene vielfältige Begleiterscheinungen der Siedlungsvorgänge beleuchten.

Unterscheidung von Orts- und Flurwüstungen

Scharlaus Wüstungsschema wurde durch Forschungen von Born erweitert und stärker gegliedert [202: BORN, Wüstungsschema, 216]. ABEL [190: Wüstungen, 4] ergänzte das Wüstungsschema um die Unterscheidung von temporären und permanenten Wüstungen, wobei die temporären besonders für die Historiker von Bedeutung sind. Mit einem solchen erweiterten Wüstungsbegriff war es Abel möglich, tiefer in den Wüstungsvorgang einzudringen. Er konnte zeigen, daß die große Masse der spätmittelalterlichen Wüstungen im Zuge einer Um- und Entsiedlung entstand, die das Siedlungsbild der Landschaften tiefgreifend veränderte und von einem starken Bevölkerungsrückgang begleitet war. Damit war die Frage nach den Ursachen der spätmittelalterlichen Wüstungen in den Mittelpunkt gerückt und initiierte neue Forschungen und Hypothesen.

Forschungen von Born und Abel

Wüstungsforschung wurde aber nicht allein von der Siedlungsgeographie, sondern auch von anderen Disziplinen betrieben. Die Landesgeschichte bemühte sich besonders um die Lokalisation aufgegebener Wohnplätze und Siedlungen, um so ein möglichst getreues Bild der mittelalterlichen Siedlungsstruktur zu gewinnen. Die Aufmerksamkeit der Wirtschaftsgeschichte galt mehr den allgemeinen Ursachen des Wüstungsprozesses und seinen agrarwirtschaftlichen Folgen. Die archäologische Wüstungsforschung untersuchte die Relikte von Orts- und Flurwüstungen. Für die Agrargeographie lieferte die Wüstungsforschung wichtige Hinweise auf die Form mittelalterlicher Siedlungsplätze, Flureinteilungen und Bodennutzungssysteme. Mittels der Kartierung von Flurwüstungen ließ sich das Ausmaß der spätmittelalterlichen Verluste an Kulturland umrißartig rekonstruieren; aus der Anordnung der Flurrelikte konnte man in günstigen Fällen sogar das Grundgefüge der Parzellierung erkennen [34: BORN, Agrarlandschaft, 24].

Interdisziplinarität der Wüstungsforschung

Wichtige Beiträge zur Wüstungsforschung wurden in neuester Zeit dann vor allem von der Archäologie des Mittelalters geleistet.

Archäologische Wüstungsforschung

4. Spätmittelalter

Seit etwa 1930 unternahm die archäologische Siedlungsforschung eine beachtliche Zahl von Grabungen bei ländlichen Siedlungen des Mittelalters. Je nach Fundsituation und Problemstellung erbrachten diese Grabungen auch interessante Ergebnisse für die Wüstungsforschung: die Frage der mittelalterlichen Wüstungen wurde unter neuen Aspekten gesehen [218: JANSSEN, Dorfsiedlung]. Mit Hilfe der archäologischen Landesaufnahme kann die Archäologie auch solche Siedlungsplätze erfassen, die in schriftlichen Quellen nicht erscheinen. Nur auf dieser Grundlage ist es möglich, ein annähernd vollständiges Siedlungsbild des Mittelalters in seinen einzelnen Epochen zu gewinnen. *Archäologische Landesaufnahme*

Auch hinsichtlich der Dauer der Besiedlung mittelalterlicher Plätze erbrachten die Ausgrabungen bemerkenswerte Ergebnisse. Da sich Beginn und Ende einer Besiedlung nur in den wenigsten Fällen allein aufgrund von Texten exakt bestimmen lassen, kann die Archäologie durch Fundstücke helfen, solche Zeitstufen festzulegen. Dies gilt besonders für Plätze, die zwischenzeitlich nicht besiedelt waren. Solche temporären Wüstungsphasen werden von den schriftlichen Quellen fast nie bezeugt. In der Frage der zeitlichen Verteilung der mittelalterlichen Wüstungen hat die Archäologie die entscheidende Erkenntnis der neueren Siedlungsforschung bekräftigen können, daß Wüstungen in allen Epochen der mittelalterlichen Geschichte vorkommen. *Ergebnisse der archäologischen Wüstungsforschung*

Erstaunlich wenig konnte die Archäologie allerdings zur Klärung der Ursachen von Wüstungen beitragen. Dieses Problem läßt sich offenbar nicht anhand einzelner ausgegrabener Siedlungen lösen, sondern erfordert Untersuchungen in größeren Räumen. Zur Beantwortung der Frage, weshalb es im Spätmittelalter so besonders viele Wüstungen gegeben hat, ist daher in erster Linie die historische Wissenschaft gefordert. Zu diesem Thema entstanden mehrere Theorien, von denen im folgenden die Kriegstheorie, die Fehlsiedlungstheorie, die Konzentrationstheorie und schließlich die Agrarkrisentheorie angesprochen werden sollen. *Ursachen der Wüstungen*

Als Hauptgrund für die Bildung von Wüstungen im Spätmittelalter wurden schon seit langem die zahlreichen Kriege und Fehden des Spätmittelalters genannt. Diese Erklärung, die vereinfachend als Kriegstheorie charakterisiert wurde, stand in der ersten Phase der Wüstungsforschung bei den meisten Deutungsversuchen im Vordergrund. Durch Kriege und Überfälle wurden während des Spätmittelalters in der Tat viele Dörfer vernichtet. Große Bedenken gegen die Kriegstheorie sind aber angebracht, sofern mit ihrer Hilfe *Kriegstheorie* der Bevölkerungsrückgang im Spätmittelalter unmittelbar erklärt werden soll. Kriege und Fehden gab es auch im Hochmittelalter, doch führten diese damals offenbar nicht zu einer permanenten Auflassung zahlreicher Siedlungen.

Fehlsiedlungs-theorie   Die Fehlsiedlungstheorie geht von der richtigen Beobachtung aus, daß im Spätmittelalter gerade die abgelegenen und von der Natur benachteiligten Siedlungen häufig den stärksten Abgang erlebten. Es muß aber darauf hingewiesen werden, daß Dörfer und Einzelhöfe zu allen Epochen eingegangen sind, wenn die Lage der Siedlungen sich als ungünstig erwies; dieses Phänomen ist also nicht nur bei spätmittelalterlichen Wüstungen zu beobachten. Insgesamt kommt diesen Faktoren nur eine sekundäre Bedeutung bei der spätmittelalterlichen Wüstungsbildung zu, da die Abwanderung aus den weniger begünstigten Orten erst erfolgte, als durch den Bevölkerungsrückgang Platz in den günstigeren Siedlungsgebieten entstanden war. Wäre die Bevölkerungsdichte unverändert geblieben, hätte der Landmangel die Weiterbewirtschaftung auch der schlechteren Böden erzwungen. „Man wird jedenfalls in der Regel nicht im nachhinein von Fehlsiedlungen sprechen können" [217: JÄGER, Wüstungsforschung, 203].

Konzentrations-theorie   Schon im 19. Jahrhundert wurde von einigen Geographen die Konzentrations- oder Ballungstheorie vertreten: Wüstungen seien durch Zusammenlegung mehrerer Ortschaften zu einer größeren Siedlung entstanden. Huppertz stellte 1939 zusammenfassend fest: „Die Wüstungen verraten uns die aufgegebenen kleinen Dörfer, Weiler und Einzelhöfe..., und die heute für Südwestdeutschland so typischen Großdörfer sind das Ergebnis dieser Umwandlung" [59: HUPPERTZ, Räume, 137]. Vertreter der Konzentrationstheorie bezeichneten im Hinblick auf die ländlichen Siedlungen das Bedürfnis nach Schutz und Sicherheit, im Hinblick auf die Städte das Eingreifen der Stadtherren zur Vergrößerung der wehrfähigen Bevölkerung, als das Moment, das zur Aufgabe vieler kleiner Orte geführt habe. Dieses Schutz-Argument wird dadurch wesentlich relativiert, daß in vielen Landschaften die weniger gefährdeten Orte viel geringere Verluste erlitten als zentral gelegene Dörfer, die streifenden Kriegshaufen am leichtesten zugänglich waren.

Agrarkrisentheorie von Grund   Das Verdienst, die ersten Bausteine zur Agrarkrisentheorie gelegt zu haben, gebührt vor allem dem Geographen A. GRUND, der 1901 die Veränderungen der Siedlungsstruktur im Wienerwald und im Wiener Becken [209: Veränderungen] untersuchte. Er sah die Ursache der spätmittelalterlichen Wüstungen in agrarwirtschaftlichen

4. Spätmittelalter

Notständen, die er, da sie aus Preis- und Lohnbewegungen herrührten, als „Agrarkrisis" charakterisierte. Vierzig Jahre später nahm W. Abel mit seinem Werk über die Wüstungen des ausgehenden Mittelalters diese wirtschaftshistorische Fragestellung wieder auf und entwickelte sie zu einer ausgereiften Agrarkrisentheorie [190: ABEL, Wüstungen; 19: Agrarkrisen]. Diese Theorie ist zweifellos noch immer die umfassendste, in ihrer Geschlossenheit und Begründung überzeugendste Erklärung des spätmittelalterlichen Wüstungsvorganges und der Wirtschaftsentwicklung, obwohl zu einzelnen Aspekten berechtigte Einwände vorgebracht wurden.

Ausgehend von Beobachtungen zu den langfristigen Trends in den Preis- und Lohnreihen, sah Abel die spätmittelalterliche Wirtschaftsentwicklung in einer engen Verbindung mit der Bevölkerungskurve. Das während des 14. und 15. Jahrhunderts erkennbare Fallen der Getreidepreise, das auf eine Hochpreisphase während der Aufschwungsperiode des Hochmittelalters folgte, wurde von ihm in einen unmittelbaren Zusammenhang mit der spätmittelalterlichen Bevölkerungsabnahme und Wüstungsbildung gebracht. Wurde der Anstieg der Getreidepreise im Hochmittelalter wesentlich durch das Bevölkerungswachstum verursacht, so führte der starke Bevölkerungsrückgang des 14. Jahrhunderts im Gefolge der Pestseuchen dazu, daß die Gesamtnachfrage nach den einfachen Agrarprodukten zurückging, die Getreidepreise langfristig fielen und in Zusammenhang mit dieser Entwicklung sich vom späten 14. bis zum ausgehenden 15. Jahrhundert eine schwere Agrardepression einstellte. Während so der Trend der Getreidepreise im Spätmittelalter nach unten gerichtet war, stiegen das Niveau der Preise für gewerbliche Erzeugnisse und ebenso der Index der Löhne merklich an, so daß sich in dem Preisgefüge auch eine Schere zwischen Agrar- und Gewerbeprodukten öffnete.

Im Rahmen dieser Agrarkrisentheorie besitzt der demographische Faktor eine ausschlaggebende Bedeutung. Die Bevölkerungsbewegung ist eine Haupttriebkraft der Wirtschaftsentwicklung sowohl im hohen als auch im späten Mittelalter: Durch die Bevölkerungsexpansion wird einerseits die hochmittelalterliche Aufschwungphase in Gang gesetzt, und andererseits wird durch den Bevölkerungseinbruch des 14. Jahrhunderts die spätmittelalterliche Agrarkrise ausgelöst. Die Wüstungsvorgänge des Spätmittelalters sind also untrennbar mit dem Bevölkerungsrückgang dieser Epoche verbunden.

Die Arbeiten von Abel wurden in der nachfolgenden Zeit

Agrarkrisentheorie von Abel

Rolle des demographischen Faktors

durch Untersuchungen von LÜTGE [228: Das 14./15. Jahrhundert] bestätigt und ergänzt, während u.a. KELTER [219: Wirtschaftsleben] verschiedene Einwände vorbrachte. Lütge betonte den besonderen Charakter des 14. und 15. Jahrhunderts in der deutschen Sozial- und Wirtschaftsentwicklung und sah in dem Pesteinbruch von 1347/51 ähnlich wie Abel ein zentrales Ereignis der spätmittelalterlichen Geschichte. Die Bevölkerungskatastrophe habe eine „Dynamik der Schrumpfung" ausgelöst. Die Disproportionalität, die im Gefolge der demographischen Katastrophe eingetreten sei, habe auf der einen Seite zu einer „Agrarkrise" und auf der anderen Seite zu einer „goldenen Zeit" der Städte geführt [228: LÜTGE, Das 14./15. Jahrhundert, 334].

Prinzipielle Bedenken gegen die Agrarkrisentheorie wurden von Vertretern der marxistischen Geschichtswissenschaft [209: GRAUS, Spätmittelalter, 31] vorgebracht. Die Kritik der marxistischen Historiker richtete sich vor allem gegen die Tatsache, daß der Bevölkerungsbewegung im Agrarkrisenmodell die Rolle einer Haupttriebkraft zuerkannt wurde. Der Theorie von der Agrarkrise als Erklärungsmodell für die tiefgehenden Änderungen des Spätmit-

Theorie der Feudalkrise

telalters wurde daher die Theorie von der Krise des Feudalismus entgegengestellt. In seiner 1963 erschienenen Studie über die Rolle der Natur in der Geschichte wandte sich der Wirtschaftshistoriker J. KUCZYNSKI mit Entschiedenheit gegen die Auffassung, daß Bevölkerungsverluste letztlich den Wandel im agrarischen Produktions- und Konsumbereich herbeigeführt hätten [224: Überlegungen]. Nach seiner Meinung kann auf der Stufe des entwickelten Feudalismus eine Agrarkrise nur als Krise der feudalen Produktionsweise entstehen, nicht jedoch als Folge von Naturereignissen.

Den zeitlichen Ansatz der Wüstungsbildung und den Zusammenhang von Pestepidemien und Agrarkrise im Sinne von Abel be-

Untersuchungen zur Agrarkrise in verschiedenen Landschaften

stätigte eine Untersuchung von RUBNER zur Lage der Agrarwirtschaft im oberbayerischen Raum [244: Landwirtschaft]. Die Zeit der ausgeprägten Notlage der Landwirtschaft in der Münchener Ebene liegt demnach in der zweiten Hälfte des 14. Jahrhunderts; sie beginnt mit den Auswirkungen der ersten Pestepidemie um 1350 und endet im späten 14. Jahrhundert. Die Krise ist charakterisiert durch eine partielle Verödung der Güter, durch einen Rückgang der grundherrschaftlichen Einnahmen und durch ein Abnehmen der Bevölkerung auf dem Lande bei gleichzeitigem Bevölkerungszuwachs in den Städten. Die Folgeerscheinungen der Bevölkerungsveränderungen und der Agrarkrise wurden auch in anderen Regionen untersucht, wobei sich einige beachtliche Unterschiede herausstellten. Franken z. B. war von den Bevölkerungsverlusten, Wüstungsprozessen und agrarwirtschaftlichen Krisenerscheinungen [248: STÖRMER, Probleme] offenbar weniger betroffen als die Mark Brandenburg [253: ZIENTARA, Agrarkrise]. Auch das Nordschweizer Gebiet scheint unter den Pestepidemien und agrarwirtschaftlichen Schwierigkeiten weniger gelitten zu haben als andere Räume [247: WANNER, Siedlungen].

In erster Linie im Sinne einer allgemeinen Strukturkrise deutete hingegen PITZ 1965 die spätmittelalterliche Wirtschaftskrise [233: Wirtschaftskrise]. Nach seiner Meinung kam es gerade im Spätmittelalter zu einschneidenden technischen und ökonomischen Strukturänderungen, die die Rationalisierung und Modernisierung der Produktion beschleunigten. Der Anstoß zu diesen Innovationen sei aber nicht von den Pestepidemien ausgegangen, da viele Symptome der Krise sich schon vor 1348 gezeigt hätten. Bei der spätmittelalterlichen Wirtschaftskrise handele es sich demnach nicht um eine Agrardepression, sondern um eine Strukturkrise, in der die Wirtschaft eine dynamische, wenngleich schmerzhafte Entwicklungsphase durchschritten habe.

<small>Wirtschaftskrise als Strukturkrise</small>

Kritische Einwände gegen die von Abel und Lütge vertretene Auffassung, im Spätmittelalter habe es eine relativ blühende Stadtwirtschaft gegeben, wurden von verschiedener Seite erhoben. DIRLMAIER [204: Untersuchungen] wandte sich gegen die Vorstellungen von einem „goldenen Zeitalter der Lohnarbeit" und verwies auf den niedrigen Lebensstandard der breiten Masse der oberdeutschen Stadtbevölkerung. Andererseits konstatierte IRSIGLER in seiner Untersuchung zur Wirtschaft der Stadt Köln das Fehlen von ernsten Krisenerscheinungen während des 14. und 15. Jahrhunderts; das Exportgewerbe der Stadt florierte, und es zeigten sich Tendenzen zur Lohnsteigerung im gewerblichen Sektor [216: Stellung]. Ennen warf die Frage auf, ob die Veränderungen in der Agrarwirtschaft tatsächlich den Hauptanstoß zu den krisenhaften Vorgängen in der spätmittelalterlichen Wirtschaft gegeben hätten und ob die Agrarkrise nicht richtiger als eine Strukturkrise im Sinne von Pitz gedeutet werden müsse [46: ENNEN, Agrargeschichte, 189].

<small>Lage der Stadtwirtschaft</small>

Das bedeutende Werk von G. BOIS [201: Crise du féodalisme] über die Wirtschaftsentwicklung der Normandie vom 14. bis 16. Jahrhundert belebte 1976 erneut die Diskussion über den Charakter der spätmittelalterlichen Agrarkrise. In seiner ausführlichen Würdigung bemerkte KRIEDTE [223: Agrarkrise] zu Recht, daß mit diesem Werk

<small>Regionalstudie von Bois</small>

102   II. Grundprobleme und Tendenzen der Forschung

das unbefriedigende Nebeneinander von Agrarkrisen- und Feudalkrisentheorie überwunden und die Aspekte des Agrarkrisenkonzepts mit einer Theorie der feudalen Produktionsweise fruchtbringend verknüpft seien. In seinem letzten Buch zur Krisenproblematik der spätmittelalterlichen Wirtschaft hat schließlich ABEL [191: Strukturen] seine Ansichten nochmals bekräftigt und präzisiert. Die Wirtschaftsentwicklung des Spätmittelalters sieht er zum einen von langfristigen Tendenzen bestimmt, die sich als Strukturen begreifen lassen, und zum anderen von kurzfristigen Trends, die man als Konjunkturen bezeichnen könne. Die langfristigen Tendenzen in der spätmittelalterlichen Agrarwirtschaft rechtfertigen nach Abel den Begriff der Agrardepression; diese sei in sich aber gegliedert durch zahlreiche kurzfristige Krisen.

Forschungsaufgaben

Trotz der kritischen Einwände ist der Kerngehalt der Agrarkrisentheorie offenbar noch immer gültig. Die Wüstungen, das niedrige Getreidepreisniveau und die bäuerliche Abwanderung sind als Folgen einer Agrardepression zu deuten. Manche Beobachtungen von Abel und Lütge sind allerdings zu stark auf die eine Pestepidemie von 1347/51 bezogen. Die englische und französische Forschung hat dagegen zu Recht auf die vielfältigen Krisenerscheinungen auch in der ersten Hälfte des 14. Jahrhunderts hingewiesen [19: ABEL, Agrarkrisen, 44–50]. Ferner sind die regionalen Unterschiede in der Konjunkturentwicklung bisher zu wenig beachtet worden; es fehlt gerade für den deutschen Forschungsbereich an fundierten Studien zur Wirtschafts- und Sozialentwicklung ausgewählter Regionen. Erst auf der Basis solcher Regionalstudien könnten die verschiedenen Theorien zur spätmittelalterlichen Gesellschaftsentwicklung auf ihre Gültigkeit überprüft werden.

4.2 Krise und Wandel der Grundherrschaft

Neuere Arbeiten zur Grundherrschaft des Spätmittelalters

Die Erforschung der spätmittelalterlichen Grundherrschaft ist in jüngerer Zeit stark intensiviert worden. Aus der Vielzahl der Arbeiten sei hier vor allem auf die beiden 1983 erschienenen Sammelbände „Die Grundherrschaft im späten Mittelalter" [232: PATZE, Grundherrschaft] hingewiesen, die aus zwei Tagungen des Konstanzer Arbeitskreises für mittelalterliche Geschichte hervorgegangen sind. Von den monographischen Werken zur spätmittelalterlichen Agrarentwicklung in größeren Landschaften sind besonders die Arbeiten von H. OTT zur Agrarverfassung im Oberrheingebiet [231: Studien], von CH. REINICKE zur Agrarkonjunktur am Niederrhein

[237: Agrarkonjunktur] und von R. C. HOFFMANN zur Agrarentwicklung in Schlesien [212: Land] zu erwähnen. Insgesamt ist im deutschen Forschungsbereich – anders als in Frankreich und England – ein auffallender Mangel an umfassenden Studien zur spätmittelalterlichen Agrarentwicklung in ausgewählten Landschaften zu konstatieren.

Hauptquellen zur Erforschung der Agrarverfassung des Spätmittelalters sind neben dem reichen Urkundenmaterial dieser Zeit die Zinsregister, Einkünfteverzeichnisse und Güterlisten sowie vor allem die Urbare, die gerade aus dem 14. und 15. Jahrhundert in großer Zahl überliefert sind und Strukturen einzelner Grundherrschaften gut erkennen lassen. Mit den Urbaren beschäftigen sich Untersuchungen von H. OTT [73: Probleme] und G. RICHTER [78: Lagerbücherlehre], während W. KLEIBER einen Überblick über die wertvolle Mainzer Sammlung spätmittelalterlicher Urbare gab [222: Mainzer Sammlung]. Von den neueren Editionen spätmittelalterlicher Urbare seien besonders die der Zisterzienserabtei Tennenbach [16: WEBER, Güterbuch], des Klosters Adelhausen [13: OHLER, Adelhauser Urbare] und des brandenburgischen Klosters Zinna [14: RIBBE/SCHULTZE, Landbuch] genannt. *Quellen zur spätmittelalterlichen Agrarverfassung*

Zu den Urbaren und Besitzverzeichnissen treten vielerorts Dingrödel, Hofrechte, Offnungen und Weistümer, die in der Kombination mit anderen Quellen instruktive Einblicke in die rechtliche und soziale Organisation der spätmittelalterlichen Grundherrschaften gewähren. Aus der neueren Literatur zur Erforschung der Weistümer ist vor allem ein von Blickle herausgegebener Sammelband [30: BLICKLE, Rechtsquellen] zu nennen, der auch einige wichtige Aufsätze der älteren Weistumsforschung enthält. WERKMÜLLER untersuchte auf der Grundlage der Weistümersammlung von Jacob Grimm zeitliches Aufkommen und räumliche Verbreitung der Weistümer; der größte Teil ist demnach aus dem 15. und 16. Jahrhundert überliefert. Für viele Landschaften muß noch immer auf die alte Edition von GRIMM [8: Weisthümer] zurückgegriffen werden. Einen instruktiven Einblick in die neueste Weistumsforschung bietet ein Aufsatz von Spieß, der eine neue Edition ländlicher Rechtsquellen im kurtrierischen Amt Cochem einleitet [11: KRÄMER/SPIESS, Rechtsquellen]. *Erforschung der Weistümer*

Für die Untersuchung der Grundherrschaftsverwaltung und der agrarwirtschaftlichen Zusammenhänge sind Bedeverzeichnisse, Zinsregister, Amtsrechnungen und Steuerlisten von Bedeutung; Rechnungen sowie Preis- und Lohnreihen dienen der Analyse grundherrlicher Einkünfte und der Einkommensverhältnisse der ländlichen Bevölkerung. Eine hervorragende Quelle zum grundherrlichen Rechnungswesen des Spätmittelalters ist z. B. die älteste Rechnung der Obergrafschaft Katzenelnbogen aus dem Jahre 1401 [225: LACHMANN, Rechnung].

Rechnungen der Grundherren

In vielen Darstellungen zur Entwicklung der deutschen Agrarverfassung wird die auf den Strukturwandel des Hochmittelalters folgende Epoche der Agrarverfassung durchwegs anhand einer regionalen Typologie behandelt, wie dies auch in den Arbeiten von Lütge geschieht [vgl. oben S. 36]. Als Ausgangspunkt der regionalen Sonderung der deutschen Agrarverfassung wird dabei in der Regel die Auflösung der Villikationsverfassung im 12. und 13. Jahrhundert angenommen, wonach sich in den einzelnen Gebieten West- und Süddeutschlands unterschiedliche Typen der Grundherrschaft herausgebildet hätten. Hier stellt sich grundsätzlich die Frage, unter welchen Kriterien sich eine wissenschaftlich überprüfbare Typologie von Grundherrschaften nach abgrenzbaren Regionen vornehmen läßt. Die bei Lütge aufgeführten fünf Landschaften mit ausgeprägten Grundherrschaftsformen orientieren sich im übrigen nicht an überschaubaren kleinen Räumen mit spezifischen wirtschaftlichen, sozialen, geographischen oder verfassungsrechtlichen Merkmalen, sondern an Großräumen mit vielen unterschiedlichen Territorien und Wirtschaftsformen [239: RÖSENER, Spätmittelalterliche Grundherrschaft, 39].

Typologie von Grundherrschaften nach Regionen

Der Bereich der südwestdeutschen Grundherrschaft umfaßt z. B. eine Vielzahl von Territorien und Wirtschaftsräumen, die sich von der Oberrheinebene über den Schwarzwald bis nach Oberschwaben erstrecken [68: LÜTGE, Agrarverfassung, 192–194]. Läßt sich dieser weitgefaßte Bereich der südwestdeutschen Grundherrschaft, der weder geographisch noch historisch einheitlich geprägt ist, überhaupt als Rahmen für einen besonderen Typ der Agrarverfassung wählen? Lütge und andere Agrarhistoriker haben ihren Begriff der Agrarverfassung überdies zu stark an verfassungsrechtlichen Elementen ausgerichtet und dabei zu wenig die sozioökonomischen Aspekte berücksichtigt. Aber selbst unter solchen agrarrechtlichen Gesichtspunkten bleibt eine Differenzierung zwischen verschiedenen Landschaftstypen spätmittelalterlicher Grundherrschaft fragwürdig.

Typologisierung von Grundherrschaften

Angesichts dieser Problematik ist es eine vordringliche Aufgabe der Forschung, nach anderen Möglichkeiten einer angemessenen Typologisierung von Grundherrschaften zu suchen. Die Bil-

4. Spätmittelalter

dung bestimmter Grundherrschaftsformen ist außer von geographischen und siedlungshistorischen Gegebenheiten in starkem Maße vom Herrschaftsgefüge historisch gewachsener Räume und von der Eigenart unterschiedlicher Herrschaftsträger abhängig. Daher ist es notwendig, zwischen königlichen, landesherrlichen, hoch- und niederadligen, kirchlichen, städtischen sowie bürgerlichen Grundherrschaften sorgfältig zu differenzieren, um auf diese Weise die gemeinsamen Züge, aber auch die unterschiedlichen Formen nach Größe, Gestalt und Organisation aufzuspüren [82: ROSENBERG, Agrargeschichte, 125; 38: BRUNNER, Land, 340–343]. Die Eigenart der einzelnen Typen ist ferner entscheidend davon bestimmt, inwieweit die grundherrliche Gewalt durch weitere Herrschaftsrechte und insbesondere durch niedere und hohe Gerichtskompetenzen ergänzt wird.

Bei der Analyse spätmittelalterlicher Grundherrschaften müssen außerdem einige übergreifende Gesichtspunkte ausreichend bedacht werden. So ist danach zu fragen, welchen Umfang die grundherrliche Eigenwirtschaft nach der Abkehr vom früheren System der Fronhofwirtschaft noch besitzt, welche Arten der Feudalrente (Frondienste, Geld- und Naturalzinse) vorherrschen, in welchem Verhältnis die Grundherrschaft zur Leib- und Gerichtsherrschaft steht, welche Formen der Grundbesitzorganisation angewandt werden und welche Funktionsträger in der Grundherrschaftsverwaltung tätig sind. Hinsichtlich der bäuerlichen Verhältnisse stellt sich die Frage nach den Besitzrechten der Bauern an Hof und Land, nach der Höhe der Abgaben und Dienste sowie nach der Intensität der bäuerlichen Bindung an die Grundherrschaftsträger. *(Kriterien der Analyse von Grundherrschaften)*

Grundherrschaften des niederen Adels wurden von STÖRMER im fränkischen Main-Tauber-Raum untersucht [232: PATZE, Grundherrschaft 2, 25–45]. Dem weitgehend aus der Ministerialität hervorgegangenen Niederadel ist es nur in wenigen Fällen gelungen, seine Besitzkomplexe zu arrondieren. Die wichtigste Herrschaftsbasis der unterfränkischen Ritterfamilien blieben die Dorfherrschaft und das Dorfgericht. Das wirtschaftliche Überleben vieler Ritterfamilien wurde dadurch erleichtert, daß sie Lehngüter von einer größeren Zahl von Lehnsherren innehatten. *(Grundherrschaften des niederen Adels)*

Das Verhältnis von Grundherrschaft und städtischer Wirtschaft wurde von INGE-MAREN WÜLFING am Beispiel der Hansestadt Lübeck erforscht [252: Grundherrschaft]. Ihr besonderes Interesse galt der Frage, in welchem Ausmaß und in welcher Form der in der Stadt vorherrschende Zug zur Rationalisierung der Wirtschaftsfüh- *(Grundherrschaft und städtische Wirtschaft)* rung auch im stadtnahen ländlichen Raum an Bedeutung gewann. Im Grundherrschaftsbereich der Stadt Lübeck war kaufmännisches Denken jedenfalls in vielfacher Hinsicht wirksam. Die Lübecker Bürger haben entscheidend dazu beigetragen, daß Grundherren und Bauern in der näheren Umgebung der Stadt ihre Agrarbetriebe modernisierten. Die Entwicklung der Stadt-Land-Beziehungen und das Verhältnis von Bauern und Städtern wurden neuerdings von DOROTHEE RIPPMANN [238: Bauern] im Raum von Basel untersucht; SCHNURRER analysierte die Grundherrschaft eines reichen Bürgers der Reichsstadt Rothenburg, des 1408 verstorbenen Heinrich Toppler [247: Bürger].

Einfluß der Agrarkrise auf die Grundherrschaften

Welchen Einfluß hatten die Agrardepression und die krisenhaften Veränderungen in der spätmittelalterlichen Wirtschaft auf die Grundherrschaft? Wie wirkte sich diese Entwicklung auf die Kosten- und Ertragsbilanz aus? In einer Reihe von Arbeiten wurden die konkreten Erscheinungsformen und Folgen der Agrarkrise in bestimmten Grundherrschaften detailliert erforscht. Aufgrund der besseren Quellenlage kann man dies am besten bei den geistlichen Grundherrschaften feststellen.

Geistliche Grundherrschaften

In der Grundherrschaft des Basler Priorats St. Alban, deren Entwicklungslinien GILOMEN [207: Grundherrschaft] verfolgte, tritt der Wertverlust grundherrlicher Einnahmen gegen Ende des 14. Jahrhunderts deutlich zutage. Es kommt, ähnlich wie bei anderen Basler Klöstern, im St. Alban-Priorat zu einer schweren wirtschaftlichen Krise, so daß notwendige Ausgaben nur durch Rentenkredite finanziert werden können. Die Agrardepression zerrüttete auch die Wirtschaftsverhältnisse der Kommenden des Deutschen Ordens, wobei allerdings der Grad der Verschuldung in den einzelnen Ordensprovinzen sehr unterschiedlich ausfiel. Der wirtschaftliche Niedergang vieler Kommenden blieb nach K. MILITZER [230: Auswirkungen] im wesentlichen auf die zweite Hälfte des 14. Jahrhunderts beschränkt, da die Kommenden im 15. Jahrhundert Mittel und Wege fanden, die Folgen der Depression abzumildern: Man reduzierte den grundherrlichen Eigenbau und verminderte zugleich die Zahl der Ordensbrüder.

Die Kommenden des Deutschen Ordens

Weltliche Grundherrschaften

Die wirtschaftlichen Veränderungen des 14. und 15. Jahrhunderts betrafen in starkem Maße auch die Lage der weltlichen Grundherrschaften. Durch den Fall der Getreidepreise, durch den Rückgang der Kaufkraft der nominal fixierten Geldzinsen und infolge der zahlreichen unbesetzten Bauernstellen erlitten die adeligen Grundherren empfindliche Einnahmeverluste. Die Folgen der

4. Spätmittelalter

Agrardepression betrafen sowohl den Hochadel als auch den niederen Adel, wobei allerdings vor pauschalen Verallgemeinerungen gewarnt werden muß. Selbstverständlich wurde der Adel von den demographischen und konjunkturellen Vorgängen des Spätmittelalters nicht nur nach Raum und Zeit unterschiedlich betroffen, sondern auch entsprechend der Besitzgröße und der Einkünftestruktur.

Die Forschungen von RÖSENER [241: Grundherrschaften] haben ergeben, daß die hochadeligen Grundherren in der zweiten Hälfte des 14. Jahrhunderts mit großen wirtschaftlichen Schwierigkeiten im Gefolge der Agrarkrise zu kämpfen hatten. Die Bevölkerungs- und Siedlungsverluste nötigten z. B. den Markgrafen von Hachberg hohe Einkommenseinbußen auf, dazu Mindereinnahmen durch eine unaufhaltsame Geldentwertung und sinkende Getreidepreise. Ähnliche Auswirkungen der Agrarkrise lassen sich bei den Markgrafen von Baden und den Grafen von Württemberg beobachten. Infolge des Bevölkerungsrückgangs sanken die Einnahmen der Grundherren beträchtlich; auch der Wüstungsvorgang und die Zunahme unbebauter Bauernstellen führten vielerorts zu spürbaren Verlusten an Natural- und Geldzinsen.

Grundherrschaften des Hochadels

In besonderem Maße wurden auch die zahlreichen kleinen Grundherren und Ritter von den krisenhaften Tendenzen des Spätmittelalters erfaßt. In einer eindringlichen Studie über die Ritterschaft der Ortenau in der spätmittelalterlichen Wirtschaftskrise konnte SATTLER [245: Ritterschaft] nachweisen, daß allein durch Münzverschlechterung und Agrarpreisverfall die grundherrlichen Einnahmen des Ortenauer Ritteradels gegen Ende des 14. Jahrhunderts auf rund die Hälfte ihres früheren Wertes gesunken waren. Zu dieser schleichenden Minderung der Einkünfte kamen dann die Zinsverluste durch Bevölkerungsrückgang und bäuerliche Landflucht, so daß eine Adelsherrschaft während des 14. Jahrhunderts durchaus einen Einnahmeverlust von 60 bis 70 Prozent erleiden konnte.

Ritterschaft der Ortenau

Im Spätmittelalter gab es neben der großen Zahl verschuldeter Adelsgeschlechter offenbar auch Leute aus dem niederen Adel, die selbst in Zeiten nachlassender Agrarkonjunktur durch Geschick oder Glück zu Reichtum gelangten. F. IRSIGLER hat anhand der Drachenfelser Haushaltsrechnungen von 1458 bis 1463 die wirtschaftliche Aktivität der Burggrafen von Drachenfels untersucht [215: Wirtschaftsführung]. Aus den Rechnungen ergibt sich, daß der Grundbesitz der Herrschaft Drachenfels gut bewirtschaftet wurde und man sogar Investitionen vornahm. Der relativ hohe Ertrag dieser kleinen

Erfolgreiche Wirtschaftspolitik einiger Adeliger

Herrschaft gewährte der adeligen Besitzerfamilie offenbar eine ausreichende Basis für ein standesgemäßes Herrenleben. Im Vergleich mit den zahlreichen Familien des landsässigen Adels, die damals in wirtschaftliche Not gerieten, stellt das Drachenfelser Geschlecht aber sicherlich eine Ausnahme dar.

Unterschiedliche Folgen bei den Schichten des Adels

Bei der Frage nach den Auswirkungen der Agrarkrise auf den Adel muß somit sorgfältig zwischen den verschiedenen Schichten des Adels differenziert werden. Kleine Rittergeschlechter, deren Basis grundherrliche Einkünfte bildeten, waren von der Agrarkrise sicherlich stärker betroffen als Adelsfamilien, die neben ihren Grundrenten über umfangreiche andere Einnahmequellen verfügten. Entsprechend der ausgeprägten Schichtung des Adels waren die Folgen der sinkenden Agrareinkommen und die Reaktion der einzelnen Geschlechter auf diese Situation unterschiedlich. Ein Teil der Adelsfamilien konnte sich behaupten, aber viele Ritteradelige sind offenbar verarmt; sie suchten ihr Auskommen in Stellungen am landesfürstlichen Hof, in der Territorialverwaltung oder im ritterlichen Solddienst.

Phänomen des Raubrittertums

Auch das sogenannte Raubrittertum, das in den Untersuchungen zur wirtschaftlichen Lage des spätmittelalterlichen Adels oft angesprochen wird, muß in diesem Zusammenhang erwähnt werden. Phänomene eines Raubrittertums hat es zweifellos auch schon vor dem 14. Jahrhundert gegeben, doch gehören spezifische Formen des Raubrittertums und charakteristische Fälle von Fehden, Landfriedensbrüchen und Überfällen in die Zeit des 14. und 15. Jahrhunderts, als viele Ritter und kleine Grundherren in eine schwierige Lage gerieten. Verschuldung und drohender sozialer Abstieg veranlaßten einen Teil des niederen Adels, willkürlich Fehden anzustiften, um sich dadurch dringend benötigte Einkünfte zu verschaffen [240: RÖSENER, Raubrittertum].

Verstärkung der bäuerlichen Abhängigkeit im Südwesten

Im Zuge der spätmittelalterlichen Agrarkrise verstärkte man in einigen Gebieten die bäuerliche Abhängigkeit, um die Substanz der Grundherrschaft abzusichern und die Landflucht der Bauern einzudämmen. Forschungen von BLICKLE [195: Agrarkrise] haben für den südwestdeutschen Raum zeigen können, daß viele Grundherren ihre leibherrlichen Rechte intensivierten, um so die bäuerliche Abwanderung wirksamer hemmen zu können. Unter Leibherrschaft ist dabei die personale Bindung abhängiger Personen an ihre Herren zu verstehen; aus ihr resultierten sowohl rechtliche Beschränkungen als auch wirtschaftliche Belastungen. Mit Hilfe dieser Leibherrschaft wurde jetzt die Freizügigkeit der Bauern stärker beschnitten und zur Verhinderung der Landflucht von den Leibeigenen förmliche Treueversprechen und von den Nachbarn Gesamthaftung für geflüchtete Personen gefordert. Soweit es sich durchsetzen ließ, suchten die Grundherren außerdem erlittene Einkommensverluste durch erhöhte Abgaben, wie vor allem durch hohe Sterbfallgebühren, auszugleichen. Die Grundherren bemühten sich ferner, die hergebrachten leibherrlichen Abgaben auf neue Untertanenschichten auszudehnen. Die kausale Verknüpfung von Agrarkrise und Verschärfung der Leibeigenschaft muß aber berücksichtigen, daß die Leibherrschaft im Südwesten auch als Mittel zum Ausbau des Territorialstaates diente.

Am Beispiel der Abtei St. Blasien hat Claudia Ulbrich die Maßnahmen eines klösterlichen Grundherrn im Umfeld der spätmittelalterlichen Krisensituation untersucht. Die Abtei St. Blasien verstärkte, soweit dies möglich war, die personale Abhängigkeit ihrer hörigen Bauernschaft und erhöhte zugleich die leibherrlichen Abgaben [249: ULBRICH, Leibherrschaft, 84–89]. Im mittleren Neckarraum sahen sich die Grafen von Württemberg 1383 gezwungen, von ihren bäuerlichen Untertanen Bürgschaften und Eide zu verlangen, um sie dadurch vom Abzug abzuhalten [229: MAURER, Masseneide].

Das Verhalten der Grund- und Gerichtsherren auf die Herausforderungen der Agrarkrise läßt sich nicht auf einen einheitlichen Nenner bringen; ihre Reaktion wechselte zwischen Straffung und Lockerung der bäuerlichen Bindungen und war abhängig von den jeweils vorhandenen Herrschaftsmitteln. Anders als in Südwestdeutschland kam es z. B. in Oberbayern nicht zu einer Verschärfung der personalen Abhängigkeit. Man beobachtet hier sogar einen Trend zur Verbesserung der bäuerlichen Rechtsstellung: Die bäuerlichen Besitzrechte entwickelten sich in vielen Grundherrschaften von zeitlich befristeten Leiheformen zu Erblehensverhältnissen [199: BOG, Dorfgemeinde]. Die bayerische Landesherrschaft unterstützte den Trend zum freien Erbrecht, um die Bauern stärker an sich zu binden und die Landflucht einzudämmen [220: KIRCHNER, Probleme].

<small>Unterschiedliche Reaktionen der Grundherren auf die Agrarkrise</small>

Im ostdeutschen Raum dagegen führten die Folgen der Agrarkrise dazu, daß die Grundherren ihre Zwangsrechte gegenüber der Bauernschaft verstärkten und vor allem ausgedehnte bäuerliche Dienstverpflichtungen durchsetzten. So wurden bereits in der Krisenepoche des Spätmittelalters und nicht erst im 16. Jahrhundert die Grundlagen für die Entfaltung der ostdeutschen Gutsherrschaft gelegt [56: HENNING, Landwirtschaft 1, 165 ff.]. In den ostelbischen

<small>Entstehung der ostdeutschen Gutsherrschaft</small>

Gebieten gelang es jedenfalls den Grundherren, sich mit Hilfe der Gerichtsherrschaft ausgedehnte Zwangsrechte über die Bauern zu verschaffen, namentlich Gesindezwangsdienste oder gar umfangreiche Arbeitsverpflichtungen. Gleichzeitig wurde das Herrenland erweitert, was den Grundherren aufgrund vieler wüst gewordener Bauernhufen nicht schwerfiel.

Entwicklung der Gutsherrschaft in Ostholstein

Am Beispiel der Entwicklung in Ostholstein konnte Prange nachweisen, daß die Vergrößerung der adligen Herrenhöfe durch die Übernahme wüster Hufen im 14. und 15. Jahrhundert sehr gefördert wurde. Man verstärkte außerdem die Zwangsdienste gegenüber den Bauern, so daß die dringend benötigten Hofdienste bereitstanden. „Die Entwicklung ging dahin, daß nicht mehr die Abgabe der Bauern in Geld und Naturalien, sondern die Hofdienste ihre wichtigste Leistung an den Herrn waren; seine Eigenwirtschaft wurde mehr und mehr zum entscheidenden Maßstab für Aufbau und Ausbau des Gutes" [236: PRANGE, Eigenwirtschaft, 551]. Spätestens seit dem 16. Jahrhundert war auch in Ostholstein die Leibeigenschaft, das Kernstück der ostelbischen Gutsherrschaft, voll ausgebildet.

4.3 Die Bauern im Spätmittelalter

Unterschiedliche Urteile zur sozialen Lage der Bauern um 1300

Die soziale Lage der bäuerlichen Bevölkerung zu Beginn des Spätmittelalters wurde in der Forschung kontrovers beurteilt. Lütge charakterisierte die Lage der bäuerlichen Bevölkerung zur damaligen Zeit als besonders gut. „Es ist ja stets festzuhalten, daß das 12., dann besonders das 13. Jahrhundert und die erste Hälfte des 14. Jahrhunderts den Höhepunkt der ganzen Geschichte des deutschen Bauern darstellt; seine wirtschaftliche und auch soziale Lage war damals so gut wie nie zuvor und auch nie nachher" [227: LÜTGE, Bayerische Grundherrschaft, 74].

Ähnlich positiv beurteilte Dopsch die bäuerliche Lebensverhältnisse in der Zeit des ausgehenden 13. Jahrhunderts, die er zur Blüteperiode des mittelalterlichen Bauernstandes zählte. Die Bauern seien damals wohlhabend gewesen und hätten ein gutes Besitzrecht am grundherrlichen Leihegut besessen. „Und der Blütezeit des deutschen Bauerntums steht gleichzeitig eine höfische Kultur der fürstlichen Grundherren gegenüber, die durch die wirtschaftliche Erstarkung dieser ermöglicht war" [42: DOPSCH, Herrschaft, 242].

Anderer Meinung war dagegen Abel, der die Krisensymptome der Zeit um 1300 herausstellte und die Bauernbetriebe detailliert untersuchte. Die damalige Bauernwirtschaft balancierte nach seiner Meinung „auf der Spitze", und es bedurfte nur eines Stoßes, um sie aus dem Gleichgewicht zu bringen. „Eine Folge von Mißernten, ein Viehsterben, ein zusätzlicher Druck oder auch eine lockendere Möglichkeit, die sich in der nahen Stadt bot, zerstörten den mühsam gewahrten Ausgleich" [20: ABEL, Landwirtschaft, 109]. Worauf basierte diese kritische Einschätzung der bäuerlichen Lage und der Agrarwirtschaft zu Beginn des 14. Jahrhunderts?

Abel untersuchte die verschiedenartigen Krisenmomente der Zeit um 1300 und stellte provokant die Frage, ob Deutschland damals überbevölkert gewesen sei [19: ABEL, Agrarkrisen, 49]. Neben seinen eigenen Untersuchungen zur Lage der Agrarwirtschaft im mitteleuropäischen Raum stützte sich Abel auf die Studien des englischen Wirtschaftshistorikers M. Postan zur Bevölkerungsentwicklung des Hoch- und Spätmittelalters. Infolge der rapiden Bevölkerungszunahme des 12. und 13. Jahrhunderts sei Mitteleuropa zu Beginn des 14. Jahrhunderts übervölkert gewesen; die Mißernten, Viehseuchen und Hungersnöte dieser Zeit waren nach seiner Meinung „eine Strafe der Natur für ihre Überforderung" [235: POSTAN, Grundlagen, 191]. Die Höfe seien allzusehr geteilt und die meisten bäuerlichen Kleinbetriebe stark vermehrt worden, die selbst in guten Jahren kaum eine Familie hätten ernähren können.

Anzeichen von Überbevölkerung um 1300

Obgleich die Überbevölkerungsthese, die sich im wesentlichen auf die von Malthus vertretene Theorie einer vom Nahrungsspielraum gesteuerten Bevölkerungsentwicklung stützt, in ihrer strikten Form als Erklärungsmodell für die Situation um 1300 nicht überzeugt, gibt es doch einige Anzeichen dafür, daß die Bevölkerung damals an eine kritische Grenze gelangt war. In vielen Gebieten Mitteleuropas stößt man zu Anfang des 14. Jahrhunderts – also noch vor Beginn der großen Pestseuchen in der Mitte des 14. Jahrhunderts – in dichtbesiedelten Regionen auf ernste Krisenmomente in Agrarwirtschaft und bäuerlicher Gesellschaft. Durch die beträchtliche Zunahme der Bevölkerung und die offenkundige Verknappung der Landreserven hatte sich die bäuerliche Ernährungssituation zu Beginn des Spätmittelalters entscheidend verschlechtert. Angesichts des niedrigen Standes der Agrartechnik, der Höhe der Feudalabgaben, der geringen Bodenerträge und des weit vorangetriebenen Landesausbaus gab es nur noch begrenzte Möglichkeiten, die Agrarproduktion zu steigern.

Übervölkerungsthese

Ernste Krisenmomente zu Beginn des 14. Jh.

In vielen Dörfern war die ländliche Unterschicht damals bereits in einem bedenklichen Ausmaß angewachsen [80: RÖSENER,

Anwachsen der ländlichen Unterschicht

Bauern, 211; 198: BOELCKE, Wandlungen]. Sie war inzwischen darauf angewiesen, sich über den Markt zusätzlich mit Getreide zu versorgen; das gelang ihr wegen des Anstiegs der Getreidepreise nur mühsam und drückte ihren Lebensstandard. Infolge der Verdichtung der Bevölkerung und der Verknappung des Bodens kam es in fruchtbaren Landschaften zur Bildung von ausgeprägten Kleingütern und zur Bodenzersplitterung. Neben den Höfen der Kleinbauern entstanden die landarmen Stellen der Tagelöhner, die teilweise überhaupt kein Ackerland mehr besaßen und sich durch handwerkliche Tätigkeit oder Lohnarbeit ernährten.

Die soziale Situation der Bauern im 14. und 15. Jh.

Wendet man sich dem 14. und 15. Jahrhundert zu, so stellt sich erneut die Frage nach der sozialen und wirtschaftlichen Lage der bäuerlichen Bevölkerung. Wie wirkte sich die Agrarkrise auf die Situation der Bauern aus? Die sozialen Verhältnisse der bäuerlichen Bevölkerung im Spätmittelalter wurden in der Forschung ebenso kontrovers beurteilt wie diejenigen der Zeit um 1300. Während die einen eine Verschlechterung der bäuerlichen Lebensbedingungen im Laufe des Spätmittelalters konstatierten, wiesen die anderen auf verschiedene Anzeichen bäuerlichen Wohlstandes hin [242: RÖSENER, Lage, 10].

Unterschiedliche Beurteilung der Lage der Bauern

Der Wirtschaftshistoriker H. MOTTEK beobachtete eine zunehmende Verschlechterung der Lage der Bauern während des 14. und 15. Jahrhunderts, die vor allem durch den verschärften Druck der Feudalherren auf die hörige Bauernschaft verursacht worden sei [71: Wirtschaftsgeschichte 1, 198]. Anderer Meinung war G. von Below, der die damalige Situation der Bauern positiv beurteilte. „Die Scholle hat ihren Mann durchaus ernährt. Ein verarmtes Proletariat finden wir nirgends. Der Ertrag des Landbaus kam in den meisten Distrikten wohl mehr dem Bauern als dem Grundherrn zu" [27: BELOW, Probleme, 73 f.].

Widersprüchliche Aussagen spätmittelalterlicher Autoren

Die unterschiedlichen Meinungen der Historiker über die bäuerliche Lage lassen sich durch widersprüchliche Aussagen spätmittelalterlicher Autoren ergänzen. In vielen literarischen Werken tritt uns das Bild von Bauern entgegen, die in Wohlhabenheit, ja im Luxus leben [214: HÜGLI, Bauern, 92ff.; 52: FRANZ, Bauernstand, 125–129]. Der Zürcher Felix Hemmerlin vertrat um 1450 die Ansicht, es wäre gut, wenn man von Zeit zu Zeit Häuser und Höfe der Bauern zerstöre, damit so die üppigen Zweige ihres Übermuts abgeschnitten würden [5: FRANZ, Quellen, Nr. 214]. Diesen Äußerungen aus städtischen oder ritterlichen Kreisen, die den Bauern Übermut, Putzsucht und üppige Lebenshaltung vorwerfen, stehen andere Berichte ge-

4. Spätmittelalter

genüber, die die Nahrung, Kleidung und Wohnverhältnisse der Bauern als einfach und kümmerlich beschreiben. Johannes Boemus schildert z. B. das Leben der Bauern im ausgehenden 15. Jahrhundert mit folgenden Worten: „Ihre Lage ist ziemlich bedauernswert und hart; ihre Hütten bestehen aus Lehm und Holz, ragen wenig über die Erde empor, sind mit Stroh bedeckt. Geringes Brot, Haferbrei oder gekochtes Gemüse ist ihre Speise, Wasser und Molken ihr Getränk. Ein leinerner Rock, ein Paar Stiefeln und ein brauner Hut ist ihre Kleidung" [242: RÖSENER, Lage, 12].

Trotz unterschiedlicher Aussagen zur demographischen Entwicklung kann man daran festhalten, daß die Pestepidemien des 14. Jahrhunderts einen beträchtlichen Rückgang der Bevölkerung verursachten, der allerdings in den einzelnen Regionen unterschiedlich stark war [203: BULST, Der Schwarze Tod]. Die Wüstungsbildung, der während des Spätmittelalters viele Dörfer und Einzelhöfe zum Opfer fielen, muß – wie bereits dargelegt wurde (s. oben S. 99) – sowohl im Zusammenhang mit dem allgemeinen Rückgang der Bevölkerung als auch mit den spezifischen Folgen der Agrarkrise gesehen werden [190: ABEL, Wüstungen, 66]. Die ungünstige Entwicklung in den Produktions- und Einkommensverhältnissen der Agrarwirtschaft veranlaßte große Teile der bäuerlichen Bevölkerung zur Abwanderung. Die abziehenden Bauern begaben sich entweder in benachbarte Städte oder in Dörfer mit besseren Wirtschaftsbedingungen.

Rückgang der Bevölkerung und Wüstungsbildung

Bäuerliche Wanderungsbewegungen

Die Antwort auf die Frage nach den tatsächlichen Auswirkungen der krisenhaften Trends der spätmittelalterlichen Agrarwirtschaft auf die bäuerliche Bevölkerung hängt entscheidend davon ab, in welchem Grad man die bäuerliche Familienwirtschaft mit dem Markt verflochten sieht. Bauernbetriebe, die keine Lohnknechte beschäftigten, wenig Getreide verkauften und Arbeitsgeräte weitgehend selbst herstellten, waren naturgemäß von den negativen Auswirkungen der Agrarkrise wenig berührt. Soweit Bauernhöfe als autarke Wirtschaftskörper allein mit familiären Arbeitskräften betrieben wurden und sich fast nur mit eigenen Produkten versorgten, wurden sie von den konjunkturellen Bewegungen der Gesamtwirtschaft nur marginal betroffen. Neuere Forschungen haben aber die alte Vorstellung von der autarken Hauswirtschaft der spätmittelalterlichen Bauernwirtschaft revidiert und gezeigt, daß die Mehrzahl der Bauernbetriebe seit dem Hochmittelalter mit dem Markt verbunden war und so von Preisbewegungen erfaßt wurde [190: ABEL, Wüstungen, 133 ff.; 192: ACHILLES, Überlegungen].

Marktverflechtung der bäuerlichen Wirtschaft im Spätmittelalter

In welcher Form die Agrardepression auf die bäuerliche Bevölkerung einwirkte, hing wesentlich von der jeweiligen Reaktion der Grund-, Leib- und Gerichtsherren ab. Die negativen Auswirkungen der Agrarkrise auf die Bauern wurden in vielen Grundherrschaften offenbar durch den verstärkten Druck der Grundherren verschärft. Die Grundherren erlitten nämlich durch die krisenhaften Tendenzen in Agrarwirtschaft und Grundherrschaft weit höhere Einnahmeausfälle als die Bauern (s. oben S. 106). Umfangreiche Menschenverluste, unbesetzte Bauernstellen, geringere Erlöse für Zins- und Zehntkorn, hohe Lohnkosten in der Eigenwirtschaft, Zinsversäumnisse der Bauern und Wertverluste bei den Geldzinsen ließen die Einkommen vieler Grundherren bedeutend schrumpfen, wie jüngere Forschungen bestätigt haben [190: ABEL, Wüstungen, 146 ff.; 230: MILITZER, Auswirkungen; 241: RÖSENER, Grundherrschaften].

Hohe Einnahmeverluste der Grundherren

Bei der Frage nach der sozialen Lage der Bauern im Spätmittelalter ist besonders nach unterschiedlichen Hofgrößen zu differenzieren. Die Höfe der Großbauern, die über Gesindekräfte verfügten und größere Getreidemengen auf dem Markt absetzten, spürten sicherlich am stärksten die Folgewirkungen der Agrarkrise [19: ABEL, Agrarkrisen, 86; 192: ACHILLES, Überlegungen]. Bei den mittleren und kleineren Bauernbetrieben, die weniger mit dem Markt verflochten und daher von den niedrigen Getreidepreisen in geringerem Maße betroffen waren, ist die Möglichkeit der Vergrößerung der Betriebsflächen zu bedenken. Die Durchschnittsgröße der Höfe nahm zu, weil viele Kleinbauern die Chance ergriffen, ihren Betrieb durch freigewordenes Land zu vergrößern.

Unterschiedliche Lage nach Betriebsgrößen

Durch die Aufgabe von Marginalböden stieg offenbar die Produktivität bäuerlicher Arbeit, und die Relation von landwirtschaftlicher Nutzfläche und Bevölkerung verbesserte sich entscheidend: Bevölkerungsrückgang und Siedlungsschrumpfung bewirkten, daß sich der Ackerbau auf die fruchtbarsten Böden konzentrierte. Am günstigsten entwickelte sich die wirtschaftliche Lage dabei offensichtlich für die Angehörigen der ländlichen Unterschicht; Kleinbauern konnten freigewordene größere Betriebe übernehmen, und Landarbeiter wurden für ihre Arbeitsleistungen besser entlohnt. Die weitverbreiteten Fluktuationserscheinungen auf dem Lande sind ein Ausdruck der gewandelten Lage: Bauern, Tagelöhner und Knechte waren sich ihres Wertes bewußt und nutzten die Möglichkeiten zur Verbesserung durch Abwanderung [228: LÜTGE, Das 14./15. Jahrhundert, 319].

Anstieg der bäuerlichen Produktivität

Regionale Mobilität

Trotz aller Unterschiede in den bäuerlichen Lebensbedingun-

4. Spätmittelalter

gen war die Lage der Bauern auch im Spätmittelalter insgesamt keineswegs glänzend. Ihr Einkommen war niedrig, ihre Feudalbelastung noch immer drückend, und nach Abzug der vielfältigen Leistungen an Herrschaft und Kirche verblieb den meisten Bauern auch jetzt nur das Notwendigste zum eigenen Verbrauch [80: RÖSENER, Bauern, 273]. Bei der Gesamtbetrachtung der bäuerlichen Lage im Spätmittelalter kam Abel deshalb zu Recht zu dem Urteil, daß „die Bauernarbeit des Spätmittelalters unterbewertet war" [20: ABEL, Landwirtschaft, 152]. Das hätten auch die Bauern gespürt, die die günstigen Lebensverhältnisse in den Städten sahen; sie seien daher in Scharen abgewandert und hätten Dörfer zurückgelassen, die der Verödung anheimfielen.

Gesamtlage der Bauern im Spätmittelalter

Die zunehmenden Spannungen und Konflikte zwischen Herren und Bauern, die während des Spätmittelalters auftraten, sind ebenfalls ein Ausdruck der krisenhaften Situation in der bäuerlichen Gesellschaft. Der verstärkte herrschaftliche Druck, die vermehrten Ansprüche des Territorialstaates und das gewachsene Selbstbewußtsein der Bauernschaft trugen insgesamt dazu bei, daß es während des 15. und 16. Jahrhunderts im deutschen Reich zu einer Vielzahl von Bauernrevolten und Bauernaufständen kam, von denen die Armlederbewegung, die Erhebung der Appenzeller Bauern und die Bewegung um den Pfeifer von Niklashausen nur die bekanntesten sind [196: BLICKLE, Erhebungen; 193: ARNOLD, Niklashausen].

Bauernaufstände

III. Quellen und Literatur

Bei den nachfolgenden Hinweisen auf Quellen und Literatur handelt es sich um eine Auswahlbibliographie, die nicht auf Vollständigkeit angelegt sein kann. Die Anordnung der Titel erfolgt in den einzelnen Abschnitten nach alphabetischer Reihenfolge. Die für Zeitschriften verwendeten Abkürzungen entsprechen denen der „Historischen Zeitschrift".

A. Quellen

1. J. Becker-Dillingen, Quellen und Urkunden zur Geschichte des deutschen Bauern. Berlin 1935.
2. Ch. Dette (Hrsg.), Liber Possessionum Wizenburgensis. Mainz 1987.
3. A. Doll (Hrsg.), Traditiones Wizenburgenses. Die Urkunden des Klosters Weißenburg 661–864. Darmstadt 1979.
4. B. Fois Ennas, Il „Capitulare de villis". Milano 1981.
5. G. Franz (Hrsg.), Quellen zur Geschichte des deutschen Bauernstandes im Mittelalter. 2. Aufl. Darmstadt 1974.
6. G. Franz (Hrsg.), Quellen zur Geschichte des Bauernkrieges. Darmstadt 1963.
7. F. L. Ganshof u. a. (Hrsg.), Le polyptyque de l'abbaye de Saint-Bertin (844–859). Paris 1975.
8. J. Grimm (Hrsg.), Weisthümer 1–7. 1840–78.
9. H. Helbig/L. Weinrich (Hrsg.), Urkunden und erzählende Quellen zur deutschen Ostsiedlung im Mittelalter 1–2. Darmstadt 1968/70.
10. J. Hopfenzitz, Studien zur oberdeutschen Agrarstruktur und Grundherrschaft. Das Urbar der Deutschordenskommende Oettingen von 1346/47. München 1982.

11. Ch. Krämer/K.-H. Spiess (Bearb.), Ländliche Rechtsquellen aus dem kurtrierischen Amt Cochem. Stuttgart 1986.
12. H. Meyer zu Ermgassen (Bearb.), Der Oculus Memorie, ein Güterverzeichnis von 1211 aus Kloster Eberbach im Rheingau 1–3. Wiesbaden 1981/84/87.
13. N. Ohler (Hrsg.), Die Adelhauser Urbare von 1327 und 1423. Freiburg i. Br. 1988.
14. W. Ribbe/J. Schultze (Hrsg.), Das Landbuch des Klosters Zinna, in: Zisterzienser-Studien II. Berlin 1976.
15. I. Schwab (Hrsg.), Das Prümer Urbar. Düsseldorf 1983.
16. M. Weber u. a. (Bearb.), Das Tennenbacher Güterbuch (1317–1341). Stuttgart 1969.
17. L. Weinrich (Hrsg.), Quellen zur deutschen Verfassungs-, Wirtschafts- und Sozialgeschichte bis 1250. Darmstadt 1977.
18. H. Wopfner, Urkunden zur deutschen Agrar-Geschichte. Stuttgart 1928.

B. Literatur

1. Allgemeine und epochenübergreifende Literatur

19. W. ABEL, Agrarkrisen und Agrarkonjunktur. Eine Geschichte der Land- und Ernährungswirtschaft Mitteleuropas seit dem hohen Mittelalter. 3. Aufl. Hamburg/Berlin 1978.
20. W. ABEL, Geschichte der deutschen Landwirtschaft vom frühen Mittelalter bis zum 19. Jahrhundert. 3. Aufl. Stuttgart 1978.
21. Agricoltura e mondo rurale in Occidente sull'alto medioevo. Spoleto 1966.
22. K. S. BADER, Das mittelalterliche Dorf als Friedens- und Rechtsbereich. Weimar 1957.
23. K. S. BADER, Dorfgenossenschaft und Dorfgemeinde. Köln/Graz 1962.
24. K. S. BADER, Rechtsformen und Schichten der Liegenschaftsnutzung im mittelalterlichen Dorf. Wien/Köln/Graz 1973.
25. K. BAUMGARTEN, Das deutsche Bauernhaus. Berlin 1980.
26. H. BECK u. a. (Hrsg.), Untersuchungen zur eisenzeitlichen und frühmittelalterlichen Flur in Mitteleuropa und ihrer Nutzung 1–2. Göttingen 1979/80.
27. G. VON BELOW, Probleme der Wirtschaftsgeschichte. 2. Aufl. Tübingen 1926.
28. G. VON BELOW, Geschichte der deutschen Landwirtschaft des Mittelalters in ihren Grundzügen. 2. Aufl. Stuttgart 1956.
29. U. BENTZIEN, Bauernarbeit im Feudalismus. Landwirtschaftliche Arbeitsgeräte und -verfahren in Deutschland von der Mitte des ersten Jahrtausends u. Z. bis um 1800. Berlin 1980.
30. P. BLICKLE (Hrsg.), Deutsche Ländliche Rechtsquellen. Probleme und Wege der Weistumsforschung. Stuttgart 1977.
31. P. BLICKLE, Studien zur geschichtlichen Bedeutung des deutschen Bauernstandes. Stuttgart/New York 1989.
32. M. BLOCH, La société féodale 1–2. Paris 1939/40. Deutsch: Die Feudalgesellschaft. Berlin 1982.

33. M. BLOCH, Les caractères originaux de l'histoire rurale française. Paris ³1960.
34. M. BORN, Die Entwicklung der deutschen Agrarlandschaft. Darmstadt 1974.
35. M. BORN, Geographie der ländlichen Siedlungen. Stuttgart 1977.
36. K. BOSL, Die Grundlagen der modernen Gesellschaft im Mittelalter. Eine deutsche Gesellschaftsgeschichte des Mittelalters 1–2. Stuttgart 1972.
37. K. BOSL, Die „familia" als Grundstruktur der mittelalterlichen Gesellschaft, in: ZBLG 38 (1975) 403–424.
38. O. BRUNNER, Land und Herrschaft. Grundfragen der territorialen Verfassungsgeschichte Österreichs im Mittelalter. 5. Aufl. Wien 1965.
39. O. BRUNNER, Neue Wege der Verfassungs- und Sozialgeschichte. 2. Aufl. Göttingen 1968.
40. PH. DOLLINGER, Der bayerische Bauernstand vom 9. bis zum 13. Jahrhundert. München 1982.
41. J. DHONDT, Das frühe Mittelalter. Frankfurt a. M. 1968.
42. A. DOPSCH, Herrschaft und Bauer in der deutschen Kaiserzeit. Untersuchungen zur Agrar- und Sozialgeschichte des hohen Mittelalters mit besonderer Berücksichtigung des südostdeutschen Raumes. Jena 1939.
43. G. DUBY, L'économie rurale et la vie des campagnes dans l'Occident médiéval (France, Angleterre, Empire, IXe–XVe siècles) 1–2. Paris 1962.
44. G. DUBY, Die Landwirtschaft des Mittelalters 900–1500, in: Europäische Wirtschaftsgeschichte. The Fontana Economic History of Europe 1. Hrsg. v. C. M. Cipolla/K. Borchardt. Stuttgart/New York 1983, 111–139.
45. K. A. Eckhardt (Hrsg.), Sachsenspiegel. Landrecht in hochdeutscher Übersetzung. Hannover 1967.
46. E. ENNEN/W. JANSSEN, Deutsche Agrargeschichte. Vom Neolithikum bis zur Schwelle des Industriezeitalters. Wiesbaden 1979.
47. S. EPPERLEIN, Der Bauer im Bild des Mittelalters. Leipzig/Jena/Berlin 1975.
48. S. EPPERLEIN, Bäuerlicher Widerstand im frühen und hohen Mittelalter, in: ZfG 37 (1979) 314–328.
49. G. P. FEHRING, Zur archäologischen Erforschung mittelalterlicher Dorfsiedlungen in Südwestdeutschland, in: ZAA 21 (1973) 1–35.
50. R. FOSSIER, Polyptyques et censiers. Turnhout 1978.

51. G. FOURQUIN, Histoire économique de l'Occident médiéval. 3. Aufl. Paris 1979.
52. G. FRANZ, Geschichte des deutschen Bauernstandes vom frühen Mittelalter bis zum 19. Jahrhundert. 2. Aufl. Stuttgart 1976.
53. G. FRANZ (Hrsg.), Deutsches Bauerntum im Mittelalter. Darmstadt 1976.
54. H.-W. GOETZ, Herrschaft und Recht in der frühmittelalterlichen Grundherrschaft, in: HJb 104 (1984) 392–410.
55. G. HEITZ, Landwirtschaft – Agrarverfassung – Bauernstand, in: JbWG 1977/I, 183–207.
56. F.-W. HENNING, Landwirtschaft und ländliche Gesellschaft in Deutschland 1: 800 bis 1750. Paderborn/München/Wien/Zürich 1979.
57. R. HILTON, Bond Men made free. Medieval Peasant Movements and the English Rising of 1381. London 1973.
58. J. A. VAN HOUTTE, Europäische Wirtschaft und Gesellschaft von den großen Wanderungen bis zum Schwarzen Tod, in: Handbuch der europäischen Wirtschafts- und Sozialgeschichte 2. Hrsg. v. H. Kellenbenz. Stuttgart 1980, 1–149.
59. B. HUPPERTZ, Räume und Schichten bäuerlicher Kulturformen in Deutschland. Bonn 1939.
60. K. TH. VON INAMA-STERNEGG, Deutsche Wirtschaftsgeschichte 1–3. Leipzig 1879–1901.
61. H. JÄGER, Entwicklungsprobleme europäischer Kulturlandschaften. Darmstadt 1987.
62. W. JANSSEN/D. LOHRMANN (Hrsg.), Villa – curtis – grangia. Landwirtschaft zwischen Loire und Rhein von der Römerzeit zum Hochmittelalter. München 1983.
63. R. KÖTZSCHKE, Allgemeine Wirtschaftsgeschichte des Mittelalters. Jena 1924.
64. J. LE GOFF, Das Hochmittelalter. Frankfurt a. M. 1965.
65. Lexikon des Mittelalters 1 ff., München/Zürich 1980 ff.
66. F. LÜTGE, Studien zur Sozial- und Wirtschaftsgeschichte. Stuttgart 1963.
67. F. LÜTGE, Deutsche Sozial- und Wirtschaftsgeschichte. 3. Aufl. Berlin/Heidelberg 1966.
68. F. LÜTGE, Geschichte der deutschen Agrarverfassung vom frühen Mittelalter bis zum 19. Jahrhundert. 2. Aufl. Stuttgart 1967.
69. G. L. VON MAURER, Einleitung zur Geschichte der Mark-, Hof-, Dorf- und Stadtverfassung und der öffentlichen Gewalt (1854). 3. Aufl. Aalen 1966.

70. TH. MAYER (Hrsg.), Die Anfänge der Landgemeinde und ihr Wesen 1–2. Konstanz/Stuttgart 1964.
71. H. MOTTEK, Wirtschaftsgeschichte Deutschlands 1. 5. Aufl. Berlin 1976.
72. H.-J. NITZ (Hrsg.), Historisch-genetische Siedlungsforschung. Genese und Typen ländlicher Siedlungen und Flurformen. Darmstadt 1974.
73. H. OTT, Probleme und Stand der Urbarinterpretation, in: ZAA 18 (1970) 159–184.
74. CH.-E. PERRIN, Le grand domaine en Allemagne, in: Recueils de la Société Jean Bodin 3 (1983) 115–147.
75. H. PIRENNE, Sozial- und Wirtschaftsgeschichte Europas im Mittelalter. 3. Aufl. München 1974.
76. B. F. PORSCHNEW, Formen und Wege des bäuerlichen Kampfes gegen die feudale Ausbeutung, in: Sowjetwissenschaft, Gesellschaftswiss. Abteilung 1952, 440–459.
77. R. M. RADBRUCH, G. RADBRUCH, Der deutsche Bauernstand zwischen Mittelalter und Neuzeit. 2. Aufl. Göttingen 1961.
78. G. RICHTER, Lagerbücher- oder Urbarlehre. Hilfswissenschaftliche Grundzüge nach württembergischen Quellen. Stuttgart 1979.
79. W. RÖSENER, Die Erforschung der Grundherrschaft, in: Mittelalterforschung. Berlin 1981, 57–65.
80. W. RÖSENER, Bauern im Mittelalter. 3. Aufl. München 1987.
81. W. RÖSENER (Hrsg.), Strukturen der Grundherrschaft im frühen Mittelalter. Göttingen 1989.
82. H. ROSENBERG, Deutsche Agrargeschichte in alter und neuer Sicht, in: Ders., Machteliten und Wirtschaftskonjunkturen. Göttingen 1978, 118–149.
83. J. C. RUSSELL, Die Bevölkerung Europas 500–1500, in: Europäische Wirtschaftsgeschichte. The Fontana Economic History of Europe 1. Hrsg. v. C. M. Cipolla/K. Borchardt. Stuttgart/New York 1983, 13–43.
84. R. SABLONIER, Das Dorf im Übergang vom Hoch- zum Spätmittelalter, in: Institutionen, Kultur und Gesellschaft im Mittelalter. Festschrift für Josef Fleckenstein zu seinem 65. Geburtstag. Hrsg. v. L. Fenske/W. Rösener/Th. Zotz. Sigmaringen 1984, 727–745.
85. W. SCHLESINGER, Archäologie des Mittelalters in der Sicht des Historikers, in: ZAM 2 (1974) 7–31.
86. K. SCHREINER, „Grundherrschaft". Entstehungs- und Bedeu-

tungswandel eines geschichtswissenschaftlichen Ordnungs- und Erklärungsbegriffs, in: Patze 1 (Nr. 232) 11-74.
87. H. K. SCHULZE, Grundstrukturen der Verfassung im Mittelalter 1-2. Stuttgart/Berlin/Köln/Mainz 1985/86.
88. B. H. SLICHER VAN BATH, The Agrarian History of Western Europe (500–1850). London 1963.
89. P. SWEEZY u. a., Der Übergang vom Feudalismus zum Kapitalismus. Frankfurt/M. 1978.
90. A. VERHULST (Ed.), Le grand domaine aux époques mérovingienne et carolingienne. Gent 1985.
91. H. VOLLRATH, Herrschaft und Genossenschaft im Kontext frühmittelalterlicher Rechtsbeziehungen, in: HJb 102 (1982) 33–71.
92. R. WENSKUS u. a. (Hrsg.), Wort und Begriff „Bauer". Göttingen 1975.
93. F. WERNLI, Die mittelalterliche Bauernfreiheit. Affoltern 1959.
94. L. WHITE JR., Die mittelalterliche Technik und der Wandel der Gesellschaft. München 1968.
95. W. WITTICH, Die Grundherrschaft in Nordwestdeutschland. Leipzig 1896.
96. H. WUNDER, Die bäuerliche Gemeinde in Deutschland. Göttingen 1986.

2. Frühmittelalter (6.–10. Jahrhundert)

97. H. AUBIN, Stufen und Triebkräfte der abendländischen Wirtschaftsentwicklung im frühen Mittelalter, in: VSWG 42 (1955) 1–39.
98. H.-J. BARTMUSS, Die Genesis der Feudalgesellschaft in Deutschland. Bemerkungen zu einigen neuen Hypothesen von E. Müller-Mertens, in: ZfG 13 (1965) 1001–1010.
99. W. BLEIBER, Bemerkungen zum Anteil westfränkischer Kircheninstitutionen an der Feudalisierung des östlichen Frankenreichs, in: ZfG 13 (1965) 1206–1219.
100. W. A. BOELCKE, Die frühmittelalterlichen Wurzeln der südwestdeutschen Gewannflur (1964), in: Nitz (Nr. 72) 136–183.
101. A. DOPSCH, Die Wirtschaftsentwicklung der Karolingerzeit vornehmlich in Deutschland 1–2. 3. Aufl. Köln/Graz 1962.
102. G. DROEGE, Fränkische Siedlung in Westfalen, in: Frühma. Studien 4 (1970) 271–288.

103. W. EGGERT, Rebelliones servorum. Bewaffnete Klassenkämpfe im Früh- und frühen Hochmittelalter und ihre Darstellung in zeitgenössischen erzählenden Quellen, in: ZfG 23 (1975) 1147–1164.
104. S. EPPERLEIN, Herrschaft und Volk im Karolingischen Imperium. Studien über soziale Konflikte und dogmatisch-politische Kontroversen im fränkischen Reich. Berlin 1969.
105. R. FOSSIER, Habitat, domaines agricoles et main-d'œuvre en France du Nord-Ouest au IXe siècle, in: Janssen/Lohrmann (Nr. 58) 123–132.
106. F. L. GANSHOF, Das Fränkische Reich, in: Kellenbenz (wie Nr. 58) 151–205.
107. M. GOCKEL, Karolingische Königshöfe am Mittelrhein. Göttingen 1970.
108. W. GOFFART From Roman Taxation to Medieval Seigneurie: Three Notes, in: Speculum 47 (1972) 165–187, 373–394.
109. D. HÄGERMANN, Einige Aspekte der Grundherrschaft in den fränkischen formulae und in den leges des Frühmittelalters, in: Verhulst (Nr. 90) 51–77.
110. D. HÄGERMANN, Quellenkritische Bemerkungen zu den karolingerzeitlichen Urbaren und Güterverzeichnissen, in: Rösener (Nr. 81) 47–73.
111. D. HÄGERMANN, Anmerkungen zum Stand und den Aufgaben frühmittelalterlicher Urbarforschung, in: RhVjbll 50 (1986) 32–58.
112. H. HILDEBRANDT, Historische Feldsysteme in Mitteleuropa, in: Das Dorf am Mittelrhein. Stuttgart 1989, 103–148.
113. H. JÄNICHEN, Beiträge zur Wirtschaftsgeschichte des schwäbischen Dorfes. Stuttgart 1970.
114. H. JANKUHN u.a. (Hrsg.), Das Dorf der Eisenzeit und des frühen Mittelalters. Siedlungsform – wirtschaftliche Funktion – soziale Struktur. Göttingen 1977.
115. W. JANSSEN, Dorf und Dorfformen des 7. bis 12. Jahrhunderts im Lichte neuer Ausgrabungen in Mittel- und Nordeuropa, in: Jankuhn (Nr. 114) 285–356.
116. W. JANSSEN, Römische und frühmittelalterliche Landerschließung im Vergleich, in: Janssen/Lohrmann (Nr. 62) 81–122.
117. L. KUCHENBUCH, Bäuerliche Gesellschaft und Klosterherrschaft im 9. Jahrhundert. Studien zur Sozialstruktur der Familia der Abtei Prüm. Wiesbaden 1978.

118. L. KUCHENBUCH, Die Klostergrundherrschaft im Frühmittelalter. Eine Zwischenbilanz, in: Herrschaft und Kirche. Beiträge zur Entstehung episkopaler und monastischer Organisationsformen. Hrsg. v. F. Prinz. Stuttgart 1988, 297–343.
119. H. LEHMANN, Bemerkungen zur Sklaverei im frühmittelalterlichen Bayern und zu den Forschungsmethoden auf dem Gebiet germanischer Sozialgeschichte, in: ZfG 13 (1965) 1378–1387.
120. F. LÜTGE, Das Problem der Freiheit in der früheren deutschen Agrarverfassung, in: Ders. (Nr. 66) 1–36.
121. TH. MAYER, Bemerkungen und Nachträge zum Problem der freien Bauern, in: Franz (Nr. 53) 142–176.
122. TH. MAYER, Die Königsfreien und der Staat des frühen Mittelalters, in: Das Problem der Freiheit in der deutschen und schweizerischen Geschichte. Sigmaringen 1955, 7–56.
123. W. METZ, Zur Geschichte und Kritik der frühmittelalterlichen Güterverzeichnisse Deutschlands, in: AfD 4 (1958) 183–206.
124. W. METZ, Zur Erforschung des karolingischen Reichsgutes. Darmstadt 1971.
125. W. METZ, Zu Wesen und Struktur der geistlichen Grundherrschaft, in: Nascita dell'Europa ed Europa carolingia: Un'equazione da verificare. Spoleto 1981, 147–169.
126. Y. MORIMOTO, Etat et perspectives des recherches sur les polyptyques carolingiens, in: Annales de l'Est 40 (1988) 99–149.
127. E. MÜLLER-MERTENS, Karl der Große, Ludwig der Fromme und die Freien. Berlin 1963.
128. E. MÜLLER-MERTENS, Die Genesis der Feudalgesellschaft im Lichte schriftlicher Quellen, in: ZfG 12 (1964) 1384–1402.
129. W. MÜLLER-WILLE, Langstreifenflur und Drubbel, in: Nitz (Nr. 72) 247–314.
130. W. MÜLLER-WILLE, Siedlungs-, Wirtschafts- und Bevölkerungsräume im westlichen Mitteleuropa um 500 n. Chr., in: Westfäl. Forsch. 9 (1956) 5–25.
131. H.-J. NITZ, Die ländlichen Siedlungsformen des Odenwaldes. Heidelberg/München 1962.
132. A. I. NJEUSSYCHIN, Die Entstehung der abhängigen Bauernschaft als Klasse der frühfeudalen Gesellschaft in Westeuropa vom 6. bis 8. Jahrhundert. Berlin 1961.
133. W. RÖSENER, Strukturformen der älteren Agrarverfassung im sächsischen Raum, in: NdsJbLG 52 (1980) 107–143.
134. W. RÖSENER, Zur Struktur und Entwicklung der Grundherr-

schaft in Sachsen in karolingischer und ottonischer Zeit, in: Verhulst (Nr. 90) 173–207.
135. W. RÖSENER, Zur Erforschung der frühmittelalterlichen Grundherrschaft, in: Ders. (Nr. 81) 9–28.
136. W. RÖSENER, Strukturformen der adeligen Grundherrschaft in der Karolingerzeit, in: Ders. (Nr. 81) 126–180.
137. TH. SCHIEFFER, Die wirtschaftliche und soziale Grundstruktur des frühen Europa, in: Handbuch der europäischen Geschichte 1. Hrsg. v. Th. Schieder, Stuttgart 1976, 107–163.
138. W. SCHLESINGER, Die Hufe im Frankenreich, in: Beck (Nr. 26) 41–70.
139. H. K. SCHULZE, Rodungsfreiheit und Königsfreiheit. Zu Genesis und Kritik neuerer verfassungsgeschichtlicher Theorien, in: HZ 219 (1974) 529–550.
140. F. SCHWIND, Beobachtungen zur inneren Struktur des Dorfes in karolingischer Zeit, in: Jankuhn (Nr. 114) 444–493.
141. G. SEELIGER, Die soziale und politische Bedeutung der Grundherrschaft im frühen Mittelalter. Leipzig 1903.
142. F. STAAB, Untersuchungen zur Gesellschaft am Mittelrhein in der Karolingerzeit. Wiesbaden 1975.
143. J. C. TESDORPF, Die Entstehung der Kulturlandschaft am westlichen Bodensee. Stuttgart 1972.
144. A. VERHULST, La genèse du régime domanial classique en France au haut moyen âge, in: Agricoltura (Nr. 21) 135–160.
145. A. VERHULST, La diversité du régime domanial entre Loire et Rhin à l'époque carolingienne, in: Janssen/Lohrmann (Nr. 62) 133–148.
146. A. VERHULST, Die Grundherrschaftsentwicklung im ostfränkischen Raum vom 8. bis 10. Jahrhundert. Grundzüge und Fragen aus westfränkischer Sicht, in: Rösener (Nr. 81) 29–46.
147. G. WREDE, Die mittelalterliche Ausbausiedlung in Nordwestdeutschland, in: BlldtLG 92 (1956) 191–211.
148. TH. ZOTZ, Beobachtungen zur königlichen Grundherrschaft entlang und östlich des Rheins vornehmlich im 9. Jahrhundert, in: Rösener (Nr. 81) 74–125.

3. Hochmittelalter (11.–13. Jahrhundert)

149. W. ACHILLES, Die Entstehung des niedersächsischen Meierrechts nach Werner Wittich. Ein kritischer Überblick, in: ZAA 25 (1977) 145–169.
150. J. ASCH, Grundherrschaft und Freiheit. Entstehung und Entwicklung der Hägergerichte in Südniedersachsen, in: NdsJbLG 50 (1978) 107–192.
151. K. S. BADER, Bauernrecht und Bauernfreiheit im späteren Mittelalter, in: HJb 61 (1941) 49–87.
152. G. BUCHDA, Die Dorfgemeinde im Sachsenspiegel, in: Mayer 2 (Nr. 70), 7–24.
153. S. EPPERLEIN, Bauernbedrückung und Bauernwiderstand im hohen Mittelalter. Berlin 1960.
154. S. EPPERLEIN, Gründungsmythos deutscher Zisterzienserklöster westlich und östlich der Elbe im hohen Mittelalter und der Bericht des Leubuser Mönches im 14. Jahrhundert, in: JbWG 1967/III, 303–335.
155. J. FLECKENSTEIN, Zur Frage der Abgrenzung von Bauer und Ritter, in: Wenskus (Nr. 92) 246–253.
156. F. L. GANSHOF/A. VERHULST, Medieval Agrarian Society in its Prime: France, The Low Countries, and Western Germany, in: The Cambridge Economic History of Europe 1. Ed. M. M. Postan. 2. Aufl. Cambridge 1966, 291–339.
157. E. V. GUTNOVA, Hauptetappen und -typen des Kampfes der westeuropäischen Bauernschaft gegen die Feudalordnung in der Periode des vollentfalteten Feudalismus (11. bis 15. Jahrhundert), in: JbGFeud 4 (1980) 37–58.
158. D. HÄGERMANN, Eine Grundherrschaft des 13. Jh. im Spiegel des Frühmittelalters. Caesarius von Prüm und seine kommentierte Abschrift des Urbars von 893, in: RhVjbll 45 (1981) 1–34.
159. K. HIELSCHER, Fragen zu den Arbeitsgeräten der Bauern im Mittelalter, in: ZAA 17 (1969) 6–43.
160. CH. HIGOUNET, Die deutsche Ostsiedlung im Mittelalter. Berlin 1986.
161. A. K. HÖMBERG, Münsterländer Bauerntum im Hochmittelalter, in: Westfäl. Forsch. 15 (1962) 29–42.
162. F. IRSIGLER, Die Auflösung der Villikationsverfassung und der Übergang zum Zeitpachtsystem im Nahbereich niederrheini-

scher Städte während des 13./14. Jahrhunderts, in: Patze 1 (Nr. 232) 295-311.
163. R. Köhn, Die Teilnehmer an den Kreuzzügen gegen die Stedinger, in: Nieders. Jb. f. Landesgesch. 53 (1981) 139-206.
164. R. Kötzschke, Studien zur Verwaltungsgeschichte der Großgrundherrschaft Werden an der Ruhr. Leipzig 1901.
165. R. Kötzschke/W. Ebert, Geschichte der ostdeutschen Kolonisation. Leipzig 1937.
166. K. Lamprecht, Deutsches Wirtschaftsleben im Mittelalter 1-3. Leipzig 1885/86.
167. M. Last, Villikationen geistlicher Grundherren in Nordwestdeutschland in der Zeit vom 12. bis zum 14. Jahrhundert (Diözesen Osnabrück, Bremen, Verden, Minden, Hildesheim), in: Patze 2 (Nr. 232) 369-450.
168. Th. Mayer, Die Besiedlung und politische Erfassung des Schwarzwaldes im Hochmittelalter, in: ZGO 91 (1939) 500-522.
169. Th. Mayer, Bemerkungen und Nachträge zum Problem der freien Bauern, in: Franz (Nr. 53) 142-176.
170. E. Münch, Strukturveränderungen der Grundherrschaft im Hochfeudalismus, in: Wiss. Zeits. d. Wilhelm-Pieck-Universität Rostock 23 (1976) 761-771.
171. E. Münch, Bauernwirtschaft und bäuerliche Schichten im vollentfalteten Feudalismus, in: JbWG 1980/III, 75-85.
172. E. Münch, Agrarverfassung, bäuerliche Klassenstruktur und bäuerlicher Widerstand im entwickelten Feudalismus, in: ZfG 31 (1983) 908-916.
173. M. Nikolay-Panter, Entstehung und Entwicklung der Landgemeinde im Trierer Raum. Bonn 1976.
174. D. C. North/R. P. Thomas, The Rise and Fall of the Manorial System: A Theoretical Model, in: The Journal of Economic History 31 (1971) 777-803.
175. Ch.-E. Perrin, Recherches sur la seigneurie rurale en Lorraine d'après les plus anciens censiers (IXe-XIIe siècles). Paris 1935.
176. F. Petri, Entstehung und Verbreitung der niederländischen Marschenkolonisation in Europa (mit Ausnahme der Ostsiedlung), in: Schlesinger (Nr. 184) 695-754.
177. H. Rennefahrt, Die Freiheit der Landleute im Berner Oberland. Bern 1939.
178. W. Rösener, Zur Wirtschaftstätigkeit der Zisterzienser im Hochmittelalter, in: ZAA 30 (1982) 117-148.

179. W. RÖSENER, Grangienwirtschaft und Grundbesitzorganisation südwestdeutscher Zisterzienserklöster vom 12. bis 14. Jahrhundert, in: Die Zisterzienser. Ordensleben zwischen Ideal und Wirklichkeit. Ergänzungsband. Hrsg. v. K. Elm/P. Joerißen. Köln 1982, 137–164.
180. W. RÖSENER, Bauer und Ritter im Hochmittelalter, in: Festschrift Fleckenstein (wie Nr. 84) 665–692.
181. W. RÖSENER, Die Auflösung des Villikationssystems im hochmittelalterlichen Deutschland: Ursachen und Verlauf, in: Probleme der Agrargeschichte des Feudalismus und des Kapitalismus 20, Rostock 1989, 5–14.
182. W. RÖSENER, Der Strukturwandel der St. Galler Grundherrschaft vom 12. bis 14. Jahrhundert, in: ZGO 137 (1989) 174–197.
183. W. RÖSENER, Grundherrschaft und Bauerntum im hochmittelalterlichen Westfalen, in: Westfäl. Zs. 139 (1989) 9–41.
184. W. SCHLESINGER (Hrsg.), Die deutsche Ostsiedlung des Mittelalters als Problem der europäischen Geschichte. Sigmaringen 1975.
185. R. SCHNEIDER, Stadthöfe der Zisterzienser: Zu ihrer Funktion und Bedeutung, in: Zisterzienser-Studien IV, Berlin 1979, 11–28.
186. K.-H. SPIESS, Zur Landflucht im Mittelalter, in: Patze 1 (Nr. 232) 157–204.
187. F. STEINBACH, Ursprung und Wesen der Landgemeinde nach rheinischen Quellen, in: Mayer 2 (Nr. 70) 245–288.
188. K. WELLER, Die freien Bauern in Schwaben, in: ZRG GA 54 (1934) 178–226.
189. H. WISWE, Grangien niedersächsischer Zisterzienserklöster, in: Braunschweig. Jb. 34 (1953) 5–134.

4. Spätmittelalter (14. und 15. Jahrhundert)

190. W. ABEL, Die Wüstungen des ausgehenden Mittelalters. 1. Aufl. Jena 1943. 3. Aufl. Stuttgart 1976.
191. W. ABEL, Strukturen und Krisen der spätmittelalterlichen Wirtschaft. Stuttgart/New York 1980.
192. W. ACHILLES, Überlegungen zum Einkommen der Bauern im späten Mittelalter, in: ZAA 31 (1983) 5–26.

193. K. ARNOLD, Niklashausen 1476. Quellen und Untersuchungen zur sozialreligiösen Bewegung des Hans Behem und zur Agrarstruktur eines spätmittelalterlichen Dorfes. Baden-Baden 1980.
194. P. BIERBRAUER, Bäuerliche Revolten im Alten Reich. Ein Forschungsbericht, in: Blickle (Nr. 197) 1–68.
195. P. BLICKLE, Agrarkrise und Leibeigenschaft im spätmittelalterlichen deutschen Südwesten, in: H. Kellenbenz (Hrsg.), Agrarisches Nebengewerbe und Formen der Reagrarisierung im Spätmittelalter und 19./20. Jh. Stuttgart 1975, 39–55.
196. P. BLICKLE, Bäuerliche Erhebungen im spätmittelalterlichen deutschen Reich, in: ZAA 27 (1979) 208–231.
197. P. BLICKLE u. a., Aufruhr und Empörung? Studien zum bäuerlichen Widerstand im Alten Reich. München 1980.
198. W. A. BOELCKE, Wandlungen der dörflichen Sozialstruktur während Mittelalter und Neuzeit, in: Festschrift für Günther Franz. Frankfurt/M. 1967, 80–103.
199. I. BOG, Dorfgemeinde, Freiheit und Unfreiheit in Franken. Stuttgart 1956.
200. I. BOG, Geistliche Herrschaft und Bauer in Bayern und die spätmittelalterliche Agrarkrise, in: VSWG 45 (1958) 62–75.
201. G. BOIS, Crise du féodalisme. Économie rurale et démographie en Normandie orientale du début du 14e siècle au milieu du 16e siècle. Paris 1976.
202. M. BORN, Wüstungsschema und Wüstungsquotient, in: Erdkunde 26 (1972) 208–218.
203. N. BULST, Der Schwarze Tod. Demographische, wirtschafts- und kulturgeschichtliche Aspekte der Pestkatastrophe von 1347–1352, in: Saeculum 30 (1979) 45–67.
204. U. DIRLMEIER, Untersuchungen zu Einkommensverhältnissen und Lebenshaltungskosten in oberdeutschen Städten des Spätmittelalters (Mitte 14. bis Anfang 16. Jahrhundert). Heidelberg 1978.
205. E. ENGEL, Lehnbürger, Bauern und Feudalherren in der Altmark um 1375, in: E. Engel/B. Zientara, Feudalstruktur, Lehnbürgertum und Fernhandel im spätmittelalterlichen Brandenburg. Weimar 1967, 29–220.
206. K. FEHN, Siedlungsgeschichtliche Grundlagen der Herrschafts- und Gesellschaftsentwicklung in Mittelschwaben. Augsburg 1966.
207. H.-J. GILOMEN, Die Grundherrschaft des Basler Cluniazenser-Priorates St. Alban im Mittelalter. Basel 1977.

208. F. GRAUS, Das Spätmittelalter als Krisenzeit. Prag 1969.
209. A. GRUND, Die Veränderungen der Topographie im Wienerwald und im Wiener Becken. Leipzig 1901.
210. V. HENN, Der Bauernspiegel des Werner Rolevinck „De regimine rusticorum" und die soziale Lage westfälischer Bauern im späten Mittelalter, in: Westfäl. Zs. 128 (1978) 289–313.
211. R. HILTON, A Crisis of Feudalism, in: Past and Present 80 (1978) 3–19.
212. R. C. HOFFMANN, Land, Liberties, and Lordship in a late medieval Countryside: agrarian Structures and Change in the Duchy of Wrocław. Philadelphia 1989.
213. A. E. HOFMEISTER, Besiedlung und Verfassung der Stader Elbmarschen im Mittelalter 1–2. Hildesheim 1979/81.
214. H. HÜGLI, Der deutsche Bauer im Mittelalter, dargestellt nach den literarischen Quellen vom 11.–15. Jh. Diss. Bern 1928.
215. F. IRSIGLER, Adelige Wirtschaftsführung im Spätmittelalter, in: J. Schneider (Hrsg.), Wirtschaftskräfte und Wirtschaftswege 1. Festschrift für Hermann Kellenbenz. Nürnberg 1978, 455–468.
216. F. IRSIGLER, Die wirtschaftliche Stellung der Stadt Köln im 14. und 15. Jahrhundert. Wiesbaden 1979.
217. H. JÄGER, Wüstungsforschung in geographischer und historischer Sicht, in: H. Jankuhn/R. Wenskus (Hrsg.), Geschichtswissenschaft und Archäologie. Sigmaringen 1979, 193–240.
218. W. JANSSEN, Mittelalterliche Dorfsiedlungen als archäologisches Problem, in: Frühma. Studien 2 (1968) 305–367.
219. E. KELTER, Das deutsche Wirtschaftsleben des 14. und 15. Jahrhunderts im Schatten der Pestepidemien, in: Jbb. für Nationalökonomie u. Statistik 165 (1953) 161–208.
220. G. KIRCHNER, Probleme der spätmittelalterlichen Klostergrundherrschaft in Bayern: Landflucht und bäuerliches Erbrecht, in: ZBLG 19 (1956) 1–94.
221. J. VAN KLAVEREN, Die wirtschaftlichen Auswirkungen des Schwarzen Todes, in: VSWG 54 (1967) 187–202.
222. W. KLEIBER, Die Mainzer Sammlung spätmittelalterlicher, ländlicher Rechtsquellen (Urbare), in: ZAA 25 (1977) 237–243.
223. P. KRIEDTE, Spätmittelalterliche Agrarkrise oder Krise des Feudalismus? in: GG 7 (1981) 42–68.
224. J. KUCZYNSKI, Einige Überlegungen über die Rolle der Natur in der Gesellschaft anläßlich der Lektüre von Abels Buch über Wüstungen, in: JbWG 1963/III, 284–297.

225. H.-P. LACHMANN, Die älteste Rechnung der Obergrafschaft Katzenelnbogen aus dem Jahre 1401, in: Archiv f. hess. Geschichte u. Altertumskunde 31 (1971/72) 4–97.
226. H.-P. LACHMANN, Die Höfe der Katzenelnbogener in der Obergrafschaft, in: Archiv f. hess. Gesch. u. Altertumskunde 32 (1974) 161–191.
227. F. LÜTGE, Die bayerische Grundherrschaft. Stuttgart 1949.
228. F. LÜTGE, Das 14./15. Jahrhundert in der Sozial- und Wirtschaftsgeschichte, in: Ders. (Nr. 66) 281–335.
229. H.-M. MAURER, Masseneide gegen Abwanderung im 14. Jahrhundert, in: ZWLG 39 (1980) 30–99.
230. K. MILITZER, Auswirkungen der spätmittelalterlichen Agrardepression auf die Deutschordensballeien, in: U. Arnold (Hrsg.), Von Akkon nach Wien. Festschrift für Marian Tumler. Marburg 1978, 62–75.
231. H. OTT, Studien zur spätmittelalterlichen Agrarverfassung im Oberrheingebiet. Stuttgart 1970.
232. H. PATZE (Hrsg.), Die Grundherrschaft im späten Mittelalter 1–2. Sigmaringen 1983.
233. E. PITZ, Die Wirtschaftskrise des Spätmittelalters, in: VSWG 52 (1965) 347–367.
234. H. POHLENDT, Die Verbreitung der mittelalterlichen Wüstungen in Deutschland. Göttingen 1950.
235. M. M. POSTAN, Die wirtschaftlichen Grundlagen der mittelalterlichen Gesellschaft, in: Jbb. f. Nationalökonomie u. Statistik 166 (1954) 180–205.
236. W. PRANGE, Die Entwicklung der adligen Eigenwirtschaft in Schleswig-Holstein, in: Patze 1 (Nr. 232) 519–553.
237. CH. REINICKE, Agrarkonjunktur und technisch-organisatorische Innovationen auf dem Agrarsektor im Spiegel niederrheinischer Pachtverträge 1200–1600. Köln/Wien 1989.
238. D. RIPPMANN, Bauern und Städter: Stadt-Land-Beziehungen im 15. Jahrhundert. Basel/Frankfurt a. M. 1990.
239. W. RÖSENER, Die spätmittelalterliche Grundherrschaft im südwestdeutschen Raum als Problem der Sozialgeschichte, in: ZGO 127 (1979) 17–69.
240. W. RÖSENER, Zur Problematik des spätmittelalterlichen Raubrittertums, in: Festschrift für Berent Schwineköper. Hrsg. v. H. Maurer u. H. Patze. Sigmaringen 1982, 469–488.
241. W. RÖSENER, Grundherrschaften des Hochadels in Südwestdeutschland im Spätmittelalter, in: Patze 2 (Nr. 232) 87–176.

242. W. RÖSENER, Zur sozialökonomischen Lage der bäuerlichen Bevölkerung im Spätmittelalter, in: Bäuerliche Sachkultur des Spätmittelalters. Wien 1984, 9–47.
243. W. RÖSENER, Krisen und Konjunkturen der Wirtschaft im spätmittelalterlichen Deutschland, in: Europa 1400. Die Krise des Spätmittelalters. Hrsg. v. F. Seibt/W. Eberhard. Stuttgart 1984, 24–38.
244. H. RUBNER, Die Landwirtschaft der Münchener Ebene und ihre Notlage im 14. Jahrhundert, in: VSWG 51 (1964) 433–453.
245. H.-P. SATTLER, Die Ritterschaft der Ortenau in der spätmittelalterlichen Wirtschaftskrise. Diss. Heidelberg 1962.
246. K. SCHARLAU, Ergebnisse und Ausblicke der heutigen Wüstungsforschung, in: BlldtLG 93 (1957) 43–101.
247. L. SCHNURRER, Der Bürger als Grundherr. Die Grundherrschaft Heinrich Topplers aus Rothenburg († 1408), in: H. K. Schulze (Hrsg.), Städtisches Um- und Hinterland in vorindustrieller Zeit. Köln/Wien 1985, 61–75.
248. W. STÖRMER, Probleme der spätmittelalterlichen Grundherrschaft und Agrarstruktur in Franken, in: ZBLG 30 (1967) 118–160.
249. C. ULBRICH, Leibherrschaft am Oberrhein im Spätmittelalter. Göttingen 1979.
250. K. WANNER, Siedlungen, Kontinuität und Wüstungen im nördlichen Kanton Zürich (9.–15. Jahrhundert). Bern/Frankfurt a. M. 1984.
251. D. WERKMÜLLER, Über Aufkommen und Verbreitung der Weistümer nach der Sammlung von Jacob Grimm. Berlin 1972.
252. J.-M. WÜLFING, Grundherrschaft und städtische Wirtschaft am Beispiel Lübecks, in: Patze 1 (Nr. 232) 451–517.
253. B. ZIENTARA, Die Agrarkrise in der Uckermark im 14. Jahrhundert, in: E. Engel, B. Zientara, Feudalstruktur, Lehnbürgertum und Fernhandel im spätmittelalterlichen Brandenburg. Weimar 1967, 221–396.

Register

ABEL, W. 4, 5, 32f., 45, 49, 53, 56, 59, 73, 96, 99, 102, 110ff., 113ff.
Abgaben, passim
Abgabengrundherrschaft s. Rentengrundherrschaft
Abgabenquote 45
Abwanderung, bäuerliche 30, 78f., 98f., 102, 108, 113
ACHILLES, W. 84, 113f.
Adel 8, 12, 14, 40, 108
Adelhausen, Kloster 103
Agrardepression 34f., 73, 102, 106f., 114
Agrarfortschritt 6, 21f., 73ff.
Agrargeographie 2, 96
Agrarkonjunktur 80
Agrarkrise 99–102, 108, 112
Agrarkrisentheorie 97f., 100, 102
Agrarrevolution 75
agrarium 62
Agrartechnik 21, 74, 79, 111
Alemannen 14
Allmende 55
Allodbauern 70
Allodialbesitz 9, 15
Altenesch 31
Ammann 46
Amorbach, Kloster 76
Anger 46, 54
Angerdörfer 19
Angleichungsprozeß, sozialer 71f.
Anspanntechnik 22, 74
Arbeitsgeräte, bäuerliche 5, 74
Arbeitsproduktivität 114
Archäologie 2, 50, 76, 80, 96
ARNOLD, K. 115
ASCH, J. 89
Asnapium 56
AUBIN, H. 73
Außenfelder 34

Backhäuser 11, 13
Baden, Markgrafen von 107
BADER, K. S. 88f.
Banngrundherrschaft 13
Bannrechte 13
Bannwart 46
BARTMUSS, H.-J. 65f.
Bauermeister 29, 46
Bauernbedrückung 78
Bauernbefreiung 87
Bauernfreiheit 88ff.
Bauernkrieg (1525) 47, 92f.
Bauernrevolten 15, 30, 51, 92ff., 115
Bauernschutzpolitik 37
Bauernstand 28f., 73
BAUMGARTEN, K. 51
Beetpflug 21f.
BELOW, G.v. 49, 57, 81, 83, 112
BENTZIEN, U. 51
Bernhard, Bischof von Hildesheim 18
Besitzwechselgebühren 38
Betriebsgrundherrschaft 63
Beunden 21
Bevölkerungsdichte 4, 78
Bevölkerungsentwicklung 3, 16f., 31ff., 43, 60, 73f., 80, 96, 99, 101, 107, 113
BIERBRAUER, P. 93
Bildzeugnisse 3, 94
BLICKLE, P. 51, 93, 103, 108, 115
BLOCH, M. 17, 50, 59, 72, 93
Bodennutzungssysteme 20
Bodenzersplitterung 112
BOELCKE, W. A. 112
Boemus, Johannes 113
BOG, I. 109
BOIS, G. 101
BORN, M. 76, 80, 95f.

BOSL, K. 50, 58, 72f.
Botanik 2
Brache 55f.
Braunschweig 36
Brauhäuser 11
Brevium exempla 56, 61
Brunnen 54
BRUNNER, O. 58, 68, 105
Büttel 46
BULST, N. 113

Capitulare de villis 12
carropera 62
Casatierung 63, 67, 72

DANNENBAUER, H. 69
Deiche 18
Demographie 2
Deutscher Orden 106
DHONDT, J. 50
Differenzierung, soziale 29, 42, 57, 62, 70
Dinghöfe 36, 43
Dingrödel 103
DIRLMAIER, U. 101
Dithmarschen 30
DOLLINGER, PH. 29, 50, 81f.; 84
DOPSCH, A. 57f., 81, 83ff., 86, 90, 110
Dorfbildung 54, 79f., 90f.
Dorfgemeinde 27ff., 46f., 90ff.
Dorfgenossenschaft 28, 46
Dorfgerichte 28, 44, 105
Dorfherrschaft 105
Dorfhirte 47
Dorfkirche 81
Dorfkrüge 29
Dorforgane 29
Dorfvorsteher 44, 46
Drachenfels, Burggrafen von 107
Dreifelderwirtschaft 6, 20, 55f., 74, 79
Dreitagefron 83
Dreizelgenwirtschaft 55f., 80
DROEGE, G. 66
Drubbel 4, 53f.
DUBY, G. 50, 56, 72f.
Düngung 75

EGGERT, W. 93

Eigenhörigkeit 38
Eigenwirtschaft, grundherrliche 24, 26, 36, 82f., 85, 105, 114
Einfeldwirtschaft 20
ENGEL, E. 43
England 17
ENNEN, E. 50, 85, 101
Entwässerung 77
EPPERLEIN, S. 51, 78, 93f.
Erbpacht 26
Erbrecht, bäuerliches 42, 72, 109
Erbzinslehen 26f., 37, 89, 109
Erbzinsrecht 37ff., 40
Ernteerträge 74f.
Eschböden 20f.
Eschershausen 18
Ethnologie 2
Extensivierung 34

familia s. Hofgenossenschaft
Faserpflanzen 21
Fehden 98, 108
Fehlsiedlungstheorie 97f.
FEHN, K. 19
FEHRING, G. P. 80
Feldgraswirtschaft 5, 20
Fernhandel 74
Feudalisierung 65
Feudalkrise 100ff.
Feudalbelastung 115
Feudalrente 105
Fiskalgüter 12, 65
Flächenproduktivität 75
Fleischverbrauch 35
Flurformen 51
Flurordnung 46
Flurrelikte 96
Flurschütz 46
Flurwüstungen 32, 95f.
Flurzwang 3, 54, 79f.
Förster 16, 46
formulae 62
Forstwart 46
FOSSIER, R. 59, 67f.
FOURQUIN, G. 50
Frankenreich 5, 9f., 14, 59, 62f., 72
Frankreich 17, 31
FRANZ, G. 49, 51, 93f., 112
Freibauern 15f., 27ff., 30, 63, 71, 88ff.

Register

Freie 14, 16, 70
Freienhufen (mansi ingenuiles) 16
Freiburg i. Br. 43
Freizügigkeit 8, 25, 89, 108
Friedrich, Erzbischof von Bremen 18
Frondienste, passim
Fronhöfe, passim
Fronhofgerichte 28, 37
Fronhofshandwerk 11
Fronhofsverfassung s. Villikationsverfassung
Fronhofverwalter 11, 16, 23, 82, 84
Fulda, Kloster 12, 39, 54

GANSHOF, F. L. 59, 63, 68
Gartenbau 1, 5
Gartenrecht 21
Gehöftanlagen 6
Geldwirtschaft 22 f., 26
Gemeindehäuser 29
Gemeindehaushalt 46
Gemeinden, bäuerliche 27, 79 f., 89
Gemeindeversammlung 46
Gemeineigentum 68
Gemeinfreie 14, 68
Gemeinfreientheorie 68
Gemüsepflanzen 5, 36
Gerichtsbann 13
Gerichtsherrschaft 25, 105, 110, 114
Germanen 8 f., 65
Gesamtbelastung, bäuerliche 45
Gesinde 11, 40
Gesindezwangsdienste 110
Getreidebau 5, 20 f.
Getreidebauhöfe 45
Getreideerträge 4, 6, 45
Getreidepreise 33 f., 99, 106, 112
Gewannflur 54, 79
Gewerbe 16
GIERKE, O. V. 68
GILOMEN, H.-J. 106
GOETZ, H.-W. 61
Grangien 25, 77, 86
GRAUS, F. 100
GRIMM, J. 103
Großbauern 44, 114
Grubenhäuser 80
GRUND, A. 98

Grundherrschaft (allgemein) 7–13, 22–26, 36–42, 57–68, 81–87, 102–110
– geistliche 12, 15, 25, 41 f., 93, 105 f.
– hochadelige 25, 105, 107
– königliche 12, 15, 25, 105
– landesherrliche 40 f., 105, 107
– niederadelige 41, 105, 107
– städtisch-bürgerliche 41, 105 f.
– mitteldeutsche 38
– nordwestdeutsche 37 f.
– südostdeutsche 38
– südwestdeutsche 36 f.
– westdeutsche 37
Grundherrschaftsträger 66, 105
Gütervererbung, geschlossene 43
GUTNOWA, E. V. 94
Gutsherrschaft 38 ff., 109 f.
Gutswirtschaft 11, 40, 63

Hachberg, Markgrafen von 107
HÄGERMANN, D. 59, 85
Hagenrecht 18, 89
Hakenpflug 6, 21
Halbbau 45
Halbhufen 44
Handel 16, 22, 73
Handelspflanzen 36
Hausgesinde 14
Hausherrschaft 58
Hauswirtschaft, bäuerliche 46, 113
Heerdienst 70
Heimbürge 46
Heinrich IV., Kaiser 27
Heiratsgebühr 87
Hemmerlin, Felix 112
HENNING, F.-W. 50, 83, 109
HIGOUNET, CH. 78
HILDEBRANDT, R. 56
HILTON, R. 94
Hirsau, Kloster 76
Hochraine 35
HOFFMANN, R. C. 103
Hofgenossenschaft (familia) 7, 11, 15 f., 23, 36, 61, 70 ff., 90 f.
Hofgericht 7, 24
Hofgesinde 10
Hofmarken 39
HOFMEISTER, A. E. 90

Hofrechte 7, 103
Hofrechtstheorie 57
Hohenrode 80
HOUTTE, J. A. VAN 31
HÜGLI, H. 112
Hülsenfrüchte 21
Hufen (mansi), passim
Hufenverfassung 79
Hungersnöte 34, 111
HUPPERTZ, B. 98

Immunität 72
INAMA-STERNEGG, K. TH. V. 57, 68, 85
Individualeigentum 68
Industriepflanzen 36
Intensivierung 34
IRSIGLER, F. 101, 107
JÄGER, H. 76, 98
JÄNICHEN, H. 80
JANSSEN, W. 50, 52f., 80f., 97

Kapitularien 3, 12
Karl der Große, Kaiser 61
Karl der Kahle, Kaiser 15
Karl IV., Kaiser 43
Karolinger 13
KELTER, E. 131
Kirchhof 46
KIRCHNER, G. 109
KLEIBER, W. 103
Kleidung, bäuerliche 45, 113
Kleinbauern 43, 114
Kleinstellen, bäuerliche 37, 42, 44, 111
Klima 2, 75
Knechtshufen (mansi serviles) 16
KOCKA, J. 50
KÖHN, R. 94
Köln 101
Königsfreie 69f.
Königsfreientheorie 68f.
Königsfreiheit 69, 88
Königshagen 81
Königtum 9f., 60, 63, 65, 70
KÖTZSCHKE, R. 57ff., 77
Kolonen (coloni) 8f.
Konjunkturzyklen 73
Konzentrationstheorie 97f.
Kopfzins 87

Krapp 36
KRIEDTE, P. 101
KUCHENBUCH, L. 50, 60, 63, 71
KUCZYNSKI, J. 100
Kummet 21

LACHMANN, H.-P. 104
Laienbrüder 25
LAMPRECHT, K. 17, 45, 57, 85
Landesaufnahme, archäologische 97
Landesausbau 6, 17ff., 21, 30, 52, 75f., 88f.
Landflucht 107ff.
Landhandwerk 37
Landstände 41
Landvergabe 27, 81
LAST, M. 84f.
Laten 14, 84
Latenhufen 84
Latifundienwirtschaft 8, 60
Laudemien 38
Lebensstandard, bäuerlicher 45
LE GOFF, J. 50
Lehen, adelige 23
LEHMANN, H. 65
Leibherrschaft 24, 38, 87, 105, 108f., 114
Leibzinsen 44
Leiherechte 30, 39
Litenhufen (mansi lidiles) 16
Löhne 1, 33
Lohnarbeiter 24f., 112f.
Lohntaxen 19
LOHRMANN, D. 121
Lokatoren 19
Lorsch, Kloster 12, 54
Ludwig der Fromme, Kaiser 15
Lübeck 105f.
LÜTGE, F. 7, 26, 36, 38f., 49, 59, 69, 71, 83, 85, 100, 102, 104, 110

Manzipien 65ff.
Marginalböden 114
Marktverflechtung 22, 29, 82
Marschgebiete 5, 19, 27, 76
Marschhufendörfer 19
Markgenossenschaftstheorie 68
Marktproduktion 42, 86
Marktwirtschaft 73

MAURER, G. L. v. 68
Maursmünster, Kloster 83
MAYER, TH. 68, 88 f.
Mehrfelderwirtschaft 20
Meier 23
Meierämter 23, 83
Meierhöfe 36, 84
Meierrecht 84
MEITZEN, A. 4, 53
Mergel 15
Milchviehhaltung 35
Militärsiedler 69 f.
Ministerialen 23, 25
Ministerialität 25, 105
MILITZER, K. 106, 114
Mißernten 111
Mobilität, regionale 114
MORIMOTO, Y. 59
MOTTEK, H. 87, 112
Mühlen 13, 29
MÜLLER-MERTENS, E. 65, 69 f.
MÜLLER-WILLE, W. 4, 53
MÜNCH, E. 50, 93
München 35
Münstereifel 11
Münzverschlechterung 107

Nachbarschaft 28
Nahrung, bäuerliche 45, 113
Namenkunde 2
Niederländer 76, 88
NITZ, H.-J. 51
Nivellierung, rechtliche 16
Normannen 16
NORTH, D. C. 82

Oberschicht, bäuerliche 43 ff.
Obstbau 1, 35
Offnungen 103
OHLER, N. 103
Ortsherrschaft 13
Ortsnamen 4, 18, 76
Ortswüstungen 32, 95 ff.
Ostsiedlung 17, 19, 39, 77 ff., 81
OTT, H. 102 f.

pascuarium 62
PATZE, H. 86, 102
PERRIN, CH.-E. 83
Pestepidemien 4, 31, 33, 99 f., 111, 113

PETRI, F. 89
Pferde 74
PIRENNE, H. 72, 73 f., 87
PITZ, E. 101
Plaggendüngung 20
Platzkontinuität 52
POHLENDT, H. 95
Polyptychen 12, 59, 62
POSTAN, M. 111
Prämonstratenser 25, 40
PRANGE, W. 110
Preisschere 33 ff., 99
Prüm, Kloster 11, 85

Raubrittertum 108
Raumkontinuität 52
Realteilung 43
Rechnungen 103 f.
Reformklöster 25
Reichsaristokratie 12
Reichsgut 12
REINECKE, CH. 85, 102
RENNEFAHRT, H. 88
Rentengrundherrschaft 11, 36, 63, 84, 92
Rentenlandschaft 60
RIBBE, W. 103
riga 62
RICHTER, G. 103
RIPPMANN, D. 106
Ritterstand 29
Rodung 5, 13, 17 f., 60, 64, 70, 77, 88 f.
Rodungsfreiheit 88 ff.
Rodungssiedler 69
Roggenanbau 20
RÖSENER, W. 50 f., 66, 75, 79, 84 f., 94, 104, 107, 111 ff., 114 f.
ROSENBERG, H. 49 f., 105
Rostock 36
Rothenburg 106
ROUCHE, M. 52
RUBNER, H. 100
RUSSEL, J. C. 4, 31

SABLONIER, R. 80
Sachsenspiegel 29
Salland 7, 10, 24, 37, 56, 82
St. Alban, Kloster 106
St. Bertin, Kloster 59

St. Blasien, Kloster 76, 109
St. Denis, Kloster 75
St. Gallen, Kloster 12, 54, 56, 71, 82, 85
St. Georgen, Kloster 27
St. Germain-des-Prés, Kloster 61
St. Goar 11
St. Peter, Kloster 27, 76
SATTLER, H.-P. 107
Schafhöfe 35
SCHARLAU, K. 95 f.
SCHIEFFER, TH. 9, 50, 59
SCHLESINGER, W. 54, 58, 60 f., 68, 77 f.
SCHNEIDER, R. 86
SCHNURRER, L. 106
Schultheiß 46
SCHULZE, H. K. 67, 70, 89
Schupposen 44
Schutz-Treue-Element 7
SCHWAB, I. 59
Schwarze Tod 31
SCHWIND, F. 54 f.
SEELIGER, G. 13
Selden 44
Sense 21
servi casati 16
servi cottidiani 16
servi non casati 15
Servitum regis 12
Sklaven 63
Sklaverei 8, 65
Slaven 77
SLICHER VAN BATH, B. H. 51, 56 f., 73, 94
Solddienst 108
Sonderkulturen 21, 35 f.
Sozialstruktur, ländliche 1, 29, 42 ff., 68–72, 111–115
Spätantike 8, 65
SPIESS, K.-H. 103
Stadtentstehung 17
Stadthöfe, klösterliche 86
Stadt-Land-Beziehungen 106
Stedinger 30, 94
STEINBACH, F. 90 f.
Stellingaaufstand 15
Sterbfallgebühr 87, 89, 109
Steuern 44
STÖRMER, W. 101, 105

Strukturkrise 101

Tacitus 9, 55
Tagelöhner 40, 112, 114
Teilbau 24, 26, 45, 84
Tennenbach, Kloster 87, 103
Territorialstaat 115
Teuerungskrise 34
THOMAS, R. P. 82
Traditionsbücher 12
Treueversprechen 109
Tributherrschaft 65

Udo, Bischof von Hildesheim 18
Übervölkerungsthese 111
ULBRICH, C. 109
Ungarn 16
Unterschicht, ländliche 111 f., 114
Urbare 3, 12, 56, 59, 87, 103
Urbarforschung 59, 62, 103

Vasallen 13, 25
Verbäuerlichungsprozeß 71
Verdorfung 80 f.
Vergetreidung 21
Vergrundholdungsprozeß 71
VERHULST, A. 10, 59, 61 f., 67 f., 72
Verkehrswesen 22
Verkehrswirtschaft 73
Verzelgung 55, 80
Viehhöfe 21, 45
Viehprodukte 33
Viehwirtschaft 5, 21
Villikationsverfassung, -system 10 f., 22 ff., 26, 30, 36 f., 59 f., 63 ff., 67, 81–85, 92
Vögte 44, 46, 78
Vogteiabgaben 44
Volksfreiheit 69
Volkskunde 2, 51
Volksrechte 3, 5, 14, 62
VOLLRATH, H. 61

Waffenschutz 71
Waid 36
Waldhufendörfer 19
Wanderungsvorgänge 33
Webhütten 11
WEHLER, H.-U. 50
Weinbau 20, 35 f.

Weinbauern 45
Weißenburg, Kloster 54
Weistümer 3, 94, 103
Wergeld 15
WERKMÜLLER, D. 103
WERNLI, F. 88
WHITE, L. 74 f.
Widerstand, bäuerlicher 2, 15, 30, 51, 83, 92 ff.
WISWE, H. 77, 86
WITTICH, W. 37, 84
Wölbäcker 35, 95
WÜLFING, I.-M. 105
Württemberg, Grafen von 107, 109
Wüstungen 31 ff., 95–102, 113
Wüstungsforschung 95–98

Wüstungsquotient 32, 95
WUNDER, H. 79, 92
Wurten 53

Zehnt 18, 114
Zeitpacht 26, 37, 85
Zelgen 55 f., 80
Zerfall der Villikationsverfassung 22 ff., 81–87, 104
ZIENTARA, B. 101
Zinna, Kloster 87, 103
Zinshofverfassung 82, 84
Zinsregister 12
Zisterzienser 25, 40, 77, 84 ff.
Zoologie 2
Zweifelderwirtschaft 20

Enzyklopädie deutscher Geschichte
Themen und Autoren

Mittelalter

Gesellschaft
Demographie des Mittelalters / Neithard Bulst
Agrarwirtschaft, Agrarverfassung und ländliche Gesellschaft im Mittelalter / Werner Rösener
Adel, Rittertum und Ministerialität im Mittelalter / Thomas Zotz
Die Stadt im Mittelalter / Franz Irsigler
Armut im Mittelalter / Otto Gerhard Oexle
Geschichte des Judentums im Mittelalter / Michael Toch

Wirtschaft
Wirtschaftlicher Wandel und Wirtschaftspolitik im Mittelalter / Ulf Dirlmeier

Kultur, Alltag, Mentalitäten
Die geistige Kultur bis zur Gründung der Universitäten in Deutschland / Johannes Fried
Die geistige Kultur im Mittelalter / N.N.
Die ritterlich-höfische Kultur des Mittelalters / Werner Paravicini
Die materielle Kultur des Mittelalters / Hartmut Boockmann

Religion und Kirche
Die mittelalterliche Kirche / Michael Borgolte
Religiöse Bewegungen im Mittelalter / Matthias Werner
Formen der Frömmigkeit im Mittelalter / Arnold Angenendt

Politik, Staat, Verfassung
Die Germanen / Hans Hubert Anton
Die Slawen in der deutschen Geschichte des Mittelalters / N.N.
Das römische Erbe und das Merowingerreich / Reinhold Kaiser
Das Karolingerreich / Peter Johanek
Die Entstehung des deutschen Reiches / Joachim Ehlers
Königtum und Königsherrschaft im 10. und 11. Jahrhundert / Egon Boshof
Der Investiturstreit / Wilfried Hartmann
König und Fürsten, Kaiser und Papst nach dem Wormser Konkordat / Bernhard Schimmelpfennig
Deutschland und seine Nachbarn 1200–1500 / Dieter Berg
Die kirchliche Krise des Spätmittelalters / Heribert Müller
König, Reich und Reichsreform im Spätmittelalter / Karl-Friedrich Krieger
Landesherrschaft, Territorien und Frühformen des modernen Staates / Ernst Schubert

Frühe Neuzeit

Gesellschaft
Demographie 1500–1800 / Christian Pfister
Bauern zwischen Bauernkrieg und Dreißigjährigem Krieg / Peter Bierbrauer
Bauern vom Dreißigjährigen Krieg bis zur Bauernbefreiung / Werner Troßbach
Adel in der frühen Neuzeit / Rudolf Endres

Der frühneuzeitliche Hof / Rainer A. Müller
Die Stadt in der frühen Neuzeit / Heinz Schilling
Unterständische Schichten in der frühen Neuzeit / Wolfgang von Hippel
Unruhen in der ständischen Gesellschaft 1300–1800 / Peter Blickle
Von der ständischen zur bürgerlichen Gesellschaft / Lothar Gall
Geschichte des Judentums vom 16. bis zum Ende des 18. Jahrhunderts /
   Stefi Jersch-Wenzel

Die deutsche Wirtschaft im 16. Jahrhundert / Franz Mathis   Wirtschaft
Die Entwicklung der Wirtschaft im Zeitalter des Merkantilismus 1620–1800 /
   Rainer Gömmel
Landwirtschaft in der frühen Neuzeit / Walter Achilles
Gewerbe in der frühen Neuzeit / Wilfried Reininghaus
Handel und Verkehr, Banken und Versicherungen in der frühen Neuzeit /
   N.N.

Medien in der frühen Neuzeit / Erdmann Weyrauch   Kultur, Alltag,
Bildung und Wissenschaft in der frühen Neuzeit 1650–1800 /   Mentalitäten
   Anton Schindling
Die Aufklärung / Wolfgang Hardtwig
Lebenswelt und Kultur des Bürgertums in der frühen Neuzeit /
   Bernd Roeck
Lebenswelt und Kultur der unterbürgerlichen Schichten in der frühen
   Neuzeit / Günther Lottes

Die Reformation. Voraussetzungen und Durchsetzung / Bob Scribner   Religion und
Konfessionalisierung im 16. Jahrhundert / Heinrich Richard Schmidt   Kirche
Kirche, Staat und Gesellschaft im 17. und 18. Jahrhundert /
   Hartmut Lehmann
Religiöse Bewegungen in der frühen Neuzeit / Hans-Jürgen Goertz

Das Reich in der frühen Neuzeit / Helmut Neuhaus   Politik, Staat,
Landesherrschaft, Territorien und Staat in der frühen Neuzeit /   Verfassung
   Winfried Schulze
Die Entwicklung der landständischen Verfassung / Franz Quarthal
Vom aufgeklärten Reformstaat zum bürokratischen Staatsabsolutismus /
   Walter Demel

Das Reich im Kampf um die Hegemonie in Europa 1521–1648 /   Staatensystem,
   Alfred Kohler   internationale
Altes Reich und europäische Staatenwelt 1648–1806 / Heinz Duchhardt   Beziehungen

19. und 20. Jahrhundert

Demographie des 19. und 20. Jahrhunderts /   Gesellschaft
   A. Gräfin zu Castell Rüdenhausen
Geschichte der Familie im 19. und 20. Jahrhundert / N.N.
Urbanisierung im 19. und 20. Jahrhundert / Klaus Tenfelde
Soziale Schichtung, soziale Mobilität und sozialer Protest im 19. und
   20. Jahrhundert / Josef Mooser
Geschichte des deutschen Adels im 19. und 20. Jahrhundert / H. Reif
Das Bürgertum im 19. und 20. Jahrhundert / Dieter Hein
Die Angestellten im 19. und 20. Jahrhundert / Günther Schulz
Die Arbeiterschaft im 19. und 20. Jahrhundert / N.N.

	Juden und jüdische Gemeinschaften in Deutschland 1780–1918 / Shulamit Volkov
	Geschichte des deutschen Judentums 1914–1945 / Mosche Zimmermann
Wirtschaft	Vorgeschichte, Verlauf und Charakter der deutschen industriellen Revolution / Hans-Werner Hahn
	Die Entwicklung der Wirtschaft im 20. Jahrhundert / Wilfried Feldenkirchen
	Agrarwirtschaft und ländliche Gesellschaft in Deutschland im 19. Jahrhundert / Hartmut Harnisch
	Landwirtschaft im 19. und 20. Jahrhundert / N.N.
	Gewerbe und Industrie im 19. und 20. Jahrhundert / (Toni Pierenkemper)
	Handel und Verkehr im 19. Jahrhundert / Karl Heinrich Kaufhold
	Handel und Verkehr im 20. Jahrhundert / Horst A. Wessel
	Banken und Versicherungen im 19. Jahrhundert / Eckhard Wandel
	Banken und Versicherungen im 20. Jahrhundert / Eckhard Wandel
	Staat und Wirtschaft im 19. Jahrhundert (bis 1914) / Heinrich Best
	Staat und Wirtschaft im 20. Jahrhundert / Gerold Ambrosius
Kultur, Alltag, Mentalitäten	Kultur, Bildung und Wissenschaft im 19. Jahrhundert / Rüdiger vom Bruch
	Kultur, Bildung und Wissenschaft im 20. Jahrhundert / Horst Möller
	Lebenswelt und Kultur des Bürgertums im 19. und 20. Jahrhundert / Dieter Langewiesche
	Lebenswelt und Kultur der unterbürgerlichen Schichten im 19. und 20. Jahrhundert / Wolfgang Kaschuba
Religion und Kirche	Formen der Frömmigkeit in einer säkularisierten Gesellschaft / Werner K. Blessing
	Kirche, Politik und Gesellschaft im 19. und 20. Jahrhundert / Gerhard Besier
Politik, Staat, Verfassung	Der Deutsche Bund und das politische System der Restauration 1815–1866 / Wolfram Siemann
	Das Vordringen des Konstitutionalismus und das Ringen um den deutschen Nationalstaat / Elisabeth Fehrenbach
	Die innere Entwicklung des Kaiserreichs / Hans-Peter Ullmann
	Die innere Entwicklung der Weimarer Republik / Peter Steinbach
	Das nationalsozialistische Herrschaftssystem / U. v. Hehl
	Die Bundesrepublik. Verfassung, Parlament und Parteien / Adolf M. Birke
	Die Innenpolitik der Deutschen Demokratischen Republik / Günther Heydemann
Staatensystem, internationale Beziehungen	Die deutsche Frage und das europäische Staatensystem 1815–1871 / Anselm Doering-Manteuffel
	Deutsche Außenpolitik 1871–1918 / Klaus Hildebrand
	Die Außenpolitik der Weimarer Republik / Franz Knipping
	Die Außenpolitik des Dritten Reiches / Marie-Luise Recker
	Die Außenpolitik der Bundesrepublik Deutschland / Gregor Schöllgen
	Die Außenpolitik der Deutschen Demokratischen Republik / Alexander Fischer

(Stand: März 1992)

www.ingramcontent.com/pod-product-compliance
Lightning Source LLC
Chambersburg PA
CBHW032005220426
43664CB00005B/153